Che Guevara

Chronique de l'histoire

Che Guevara

Editions
Chronique

« Chronique de Che Guevara »

Rédacteur en chef : Jacques Lapeyre
Directeur éditorial : Pierre-Yves Grasset

Direction technique : Catherine Balouet
Iconographie : Simon Danger
Informatique éditoriale : Sandrine Bautista
Fabrication : Claude Pedrono - CPE CONSEIL
Infographie : Olivier Barbut, Audrey Tröndle, Violaine Bariller, Olivier Gourvat
Index : Fabrice Lafitte

Directeur département : Jean-Christophe Delpierre

L'éditeur tient à remercier, pour leur aide et leurs témoignages : Norberto Collado, ancien timonier du Granma ; Adys Cupull et Froilán Gonzáles, historiens du Che à La Havane ; Teresina Hidalgo y Soria, directrice du musée de la Révolution de la Cabaña et ses adjoints ; Aleida March, veuve du Che ; Pacheco, responsable des Archives de la Révolution de la Cabaña ; Zobeida Rodriguez, dite « Mimi », qui a fait la révolution avec le Che ; Perfecto Romero, photographe du Che, et son fils Abdel ; Roberto Salas, photographe du Che ; Roberto Salguiero Perez, compagnon de route à Cuba ; Jorge Suarez, directeur du Fort de la Cabaña ; Pedro Alvarez Tabío, directeur du Bureau des affaires historiques de La Havane, ainsi qu'Elsa et Efren Gonzáles qui nous ont assistés en son nom ; Didier Vitura, pour son aide logistique. Et tout particulièrement Yusil Gascon, qui, par son efficacité, a rendu ce livre plus riche encore.

ISBN : 2205-05648-4

Dépôt légal : 4e trimestre 2004
Achevé d'imprimer en août 2004
sur les presses de Stige, San Mauro (Italie)

Editions Chronique
Dargaud s.a.
14, avenue Freycinet
24750 Trélissac

Tél.: 05 53 35 91 21
Fax: 05 53 35 14 06
e-mail : chronic@easynet.fr
www.editions-chronique.com

Des faits sans l'enflure des épithètes. C'est le plus bel hommage qu'on pouvait rendre au Che, trente ans après. Une histoire au présent, exact, implacable, inoubliable. Comme une balle de fusil, au cœur de notre siècle.

Régis Debray

Le Che, de la légende au gadget

Dans *Le Socialisme et l'homme nouveau à Cuba* (1965), le Che s'en prenait avec véhémence aux socialistes qui entendaient « vaincre le capitalisme avec ses propres fétiches ». Il semblerait bien, en réalité, que ce soit le capitalisme qui ait vaincu avec les fétiches de la révolution !

« Parce qu'il a une belle gueule. Et qu'il est mort avant de devenir un dictateur. »
Régis Debray

Le 23 mars 2002, à Rome, manifestation monstre contre la politique sociale de Silvio Berlusconi. Avec les portraits du Che.

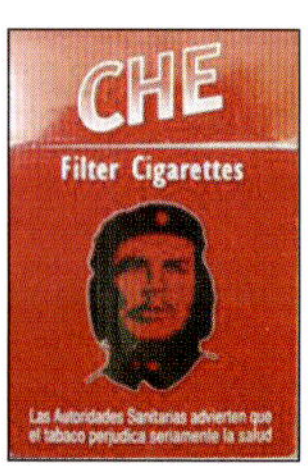

Le 5 février 2004, le journaliste québécois R. Martineau écrivait sur le site *Ondes de choc* : « On vend des chandails à l'effigie du Che, des macarons, des épinglettes… Sur le célèbre site *eBay*, vous pouvez acheter des tasses à l'effigie de Guevara, des réveille-matin, des carnets de notes, des porte-clés, des cendriers, des verres, des casquettes, des autocollants, des boucles de ceinture, des montres-bracelets, des médailles, des sculptures, des sous-verre, des horloges, des drapeaux, des timbres, du papier à cigarettes, des briquets Zippo, des napperons, des colliers, des pendentifs et des boutons de manchette. Vous pouvez même acheter un chéquier à l'effigie du Che ! Un chéquier, saint bordel ! » Et Richard Martineau de citer Régis Debray, qu'il avait rencontré quelques semaines auparavant et auquel il avait demandé « ce qu'il pensait de tout ce cirque » : « C'est la preuve qu'aujourd'hui, dans notre système, tout peut être récupéré. Même le discours révolutionnaire. » Et à la question de savoir pourquoi le Che faisait l'objet d'un tel culte, son ancien compagnon de lutte répondait : « Parce qu'il a une belle gueule. Et qu'il est mort avant de devenir un dictateur… »

Ce sont incontestablement les événements de mai 1968 qui ont consacré la figure de Che Guevara comme symbole du mouvement révolutionnaire mondial. Toutefois, très vite, ce symbole a débordé le cadre de l'action politique proprement dite pour devenir l'étendard de toute une jeunesse nourrie de fantasmes héroïques et libertaires. Dans *Carnet de route*, le groupe rock Bérurier Noir chantait: « Armée rebelle / Au chef spirituel / Nostalgie Che Guevara / Continuons le combat ! » Nostalgie romantique qui devait connaître en France une manière d'apothéose avec *Une passion pour Che Guevara* de Jean Cau (1978), mais dont le sens idéologique échappe probablement à beaucoup de ceux qui la cultivent aujourd'hui, tels ces supporters de l'Olympique de Marseille, brandissant des portraits du Che dans les tribunes du stade-vélodrome… Et que reste-t-il des idéaux de celui que Nasser avait appelé le Zorro du tiers-monde, lorsque le titre de la chanson emblématique de Carlos Puebla, *Hasta Siempre*, est donné à un cocktail ? Un cocktail qui, il est vrai, n'aurait peut-être pas déplu au Che : 4 cl de rhum blanc, 3 cl de curaçao bleu et 8 cl de jus d'ananas pour un verre !

Le culte : Tee-shirt de luxe à New York, librairie en plein air à La Havane…

« Armée rebelle /
Au chef spirituel /
Nostalgie Che Guevara /
Continuons le combat ! »

Bérurier Noir

L'icône du « Christ rouge » s'est ainsi parfaitement intégrée à la société du spectacle, comme Andy Warhol l'a si bien mis en évidence avec son célèbre portrait multiple inspiré de la mythique photographie d'Alberto Korda (reproduite dans cet ouvrage, page 5). Cette dérive a trouvé une illustration éclatante en 1997 quand, pour le trentième anniversaire de la mort du Che, la firme américaine Zippo a édité un briquet frappé à son effigie… Ernesto Che Guevara était désormais une valeur marchande dont le monde de la publicité ne pouvait manquer de s'emparer. C'est ainsi que, pour lancer une nouvelle Golf, Volkswagen n'a pas hésité à invoquer sa mémoire dans un message publicitaire : « La figure de Che Guevara est essentielle pour notre campagne publicitaire, car elle représente l'esprit rebelle de la Golf », devait déclarer le constructeur allemand pour se justifier.

Lorsqu'en 1960, à La Havane, le photographe Alberto Korda prend ce portrait de Che Guevara, il est loin de se douter que son cliché deviendra une des plus célèbres icônes révolutionnaires.

La façade du ministère de l'Intérieur, à La Havane.

Lors du traditionnel défilé syndical du 1er mai 2003, à Paris, drapeaux cubains et étendards à l'effigie du Che fleurissent dans le cortège. Il y a longtemps, en revanche, que celles de Lénine, de Staline, de Mao et même de Fidel Castro ont disparu…

En 1998, dans un quartier catholique de Belfast : l'imagerie de la révolution cubaine est associée à celle de la lutte menée en Ulster par les républicains irlandais.

Le 22 janvier 2004, un mineur espagnol au chômage, Sergio Fernandez, a peint dans un pré de Casacabé (Asturies) un gigantesque portrait de son idole. Sergio Fernandez affirme descendre des hommes préhistoriques qui ont peint les célèbres fresques d'Altamira !

La chanson mythique : Hasta Siempre

HASTA SIEMPRE

Aprendimos a quererte
Desde la històrica altura
Donde el sol de tu bravura
Le puso un cerco a la muerte.

Aquì se queda la clara
La entrañable transparencia
De tu querida presencia
Comandante Che Guevara.

Tu mano gloriosa y fuerte
Sobre la historia dispara
Cuando todo Santa Clara
Se despierta para verte.

Aquì se queda la clara...

Vienes quemando la brisa
Con soles de primavera
Para plantar la bandera
Con la luz de tu sonrisa.

Aquì se queda la clara...

Tu amor revolucionario
Te conduce a nueva empresa
Donde esperan la firmeza
De tu brazo libertario.

Aquì se queda la clara...

Seguiremos adelante
Como junto a ti seguimos
Y con Fidel te decimos :
¡ Hasta Siempre Comandante !

POUR TOUJOURS

Nous avons appris à t'aimer
Depuis les cimes de l'Histoire
Où le soleil de ta bravoure
A fait obstacle à la mort.

Ici demeure la claire
La poignante transparence
De ta présence chérie
Comandante Che Guevara.

Ta main glorieuse et forte
Fait feu dans l'Histoire
Quand tout Santa Clara
S'éveille pour te voir.

Ici demeure la claire...

Tu viens en brûlant la brise
Avec les soleils du printemps
Pour planter le drapeau
Avec la lumière de ton sourire.

Ici demeure la claire...

Ton amour révolutionnaire
Te mène à une nouvelle entreprise
Là où l'on attend la fermeté
De ton bras libérateur.

Ici demeure la claire...

Nous irons de l'avant
Comme ensemble nous te suivons
Et avec Fidel nous te disons :
Pour toujours comandante !

Sur une idée de Laurent Boutonnat, l'actrice Nathalie Cardonne passe à la chanson avec la reprise du titre Hasta Siempre. *Le succès est total.*

Le chanteur et compositeur cubain Carlos Puebla (1917-1989) a écrit cette chanson en 1965, lors du départ du Che pour le Congo. Écrite sur un rythme traditionnel de guarija, elle a connu un succès international foudroyant après la mort du comandante. Intégrée au riche patrimoine de la chanson révolutionnaire, aux côtés de *L'Internationale* ou de *Ay Carmela* (chanson fétiche des républicains espagnols), *Hasta Siempre* a fait l'objet d'innombrables interprétations. En 1997, Nathalie Cardone en a fait l'un des « tubes » de l'année, avec plus de 500 000 exemplaires vendus. Cette chanteuse française, aux racines siciliennes par son père et andalouses par sa mère, était née trente ans avant, l'année même de la mort du Che.

Un héros pour le cinéma

Ce fut l'un des films événements du Festival de Cannes 2004. Réalisé par le cinéaste brésilien Walter Salles, et sorti en France le 8 septembre de la même année, *Carnets de voyage* est une évocation scrupuleuse du long périple que le jeune Ernesto Guevara et son ami Alberto Granado accomplirent à moto à travers l'Amérique du Sud (voir pages 31 à 35), en 1952. C'est à Robert Redford, producteur exécutif du film, et aux producteurs Michael Nozik et Karen Tenkhoff, que revient l'idée de porter à l'écran cet étonnant épisode de la vie du futur héros de la révolution mondiale et d'en confier le scénario au dramaturge portoricain José Rivera et la réalisation à Walter Salles.

Le scénario est en fait une adaptation de *Voyage à motocyclette*, le livre que le Che a tiré de son journal de voyage : « Ce livre a eu un impact sur moi parce qu'il n'est pas seulement un voyage initiatique, a raconté Walter Salles, mais aussi la recherche de ce que j'appellerais une identité latino-américaine. La beauté du voyage tient à ce qu'Ernesto et Alberto ont gardé les yeux grands ouverts sur la réalité et en ont été profondément transformés. C'est à partir de cet acquis qu'ils essaieront plus tard de changer le cours des choses. » Mais le scénariste a également utilisé le récit rédigé par Alberto Granado lui-même, *Con el Che por Sudamerica*.

« La beauté du voyage tient à ce qu'Ernesto et Alberto ont gardé les yeux grands ouverts sur la réalité et en ont été profondément transformés. »
Walter Salles

Pour préparer le tournage du film, Walter Salles a lui-même refait le voyage des deux amis argentins : « Ma première impression fut que la plupart des problèmes structurels et sociaux qui avaient tant frappé Ernesto et Alberto en 1952 n'ont toujours pas été résolus. J'ai retrouvé au fil de mon périple l'essentiel de ce que j'avais ressenti en lisant leur témoignage. La grande surprise fut de constater à quel point ces livres sont modernes et contemporains. Signe que les réalités sociales et politiques de la culture latino-américaine ont peu changé en cinquante ans. » D'une certaine façon, cet état de fait a facilité la tâche du réalisateur en lui évitant les écueils d'une reconstitution approximative : « Nous avons tourné dans plus de trente décors naturels, en Argentine, au Chili et au Pérou. Nous avons filmé un maximum de lieux originaux. Un grand nombre des sites les plus éloignés ont été relativement épargnés par le "progrès". Et lorsque nous ne pouvions pas utiliser tel ou tel lieu précis, nous nous arrangions pour en trouver un aussi ressemblant que possible. » C'est ce soin tout particulier attaché au cadre du récit qui a frappé la critique au Festival de Cannes.

La qualité et la sensibilité de l'interprétation de cette manière de « road movie », bien soulignées par Jean-Luc Douin dans *Le Monde* du 20 mai 2004, ont également été l'un des atouts majeurs de sa réussite. Interprétation évidemment dominée par l'acteur mexicain Gael García Bernal dans le rôle d'Ernesto Guevara, et par le comédien argentin Rodrigo de la Serna dans celui d'Alberto Granado. Un Alberto Granado qui sera aux côtés du Che et de Fidel Castro pendant la révolution cubaine et qui, fringant octogénaire, est venu à Cannes pour apporter sa contribution à la promotion de *Carnets de voyage*. Un Alberto Granado, enfin, dont les idéaux étaient demeurés intacts. Cherchant à relativiser la récupération de l'image de son ami par la société de consommation, il devait ainsi proclamer sur la Croisette : « Acheter des T-shirts de Che Guevara, c'est de la consommation, tout simplement, mais c'est peut-être aussi un moyen pour les jeunes générations de dire quelque chose aux réactionnaires. »

« Ma première impression fut que la plupart des problèmes structurels et sociaux qui avaient frappé Ernesto et Alberto en 1952 n'ont toujours pas été résolus. »

Walter Salles

Ce n'était cependant pas la première fois que le mythe du Che s'incarnait à l'écran. Il y avait eu des précédents, mais qui n'ont pas laissé que de bons souvenirs... Dès 1968, un cinéaste italien plutôt spécialisé dans la science-fiction, Paolo Heusch, tournait en Sardaigne un invraisemblable *El « Che » Guevara* avec l'acteur espagnol Francisco Rabal dans le rôle-titre. Réalisé dans l'urgence et avec des moyens limités, ressemblant plus à un western « spaghetti » qu'à une fresque historique, il avait pour seul but de prendre de vitesse une importante production américaine lancée pour exploiter le retentissement suscité par la mort tragique du Che. Mais ce film, intitulé *Che!* et sorti l'année suivante, était peut-être pire encore, au point qu'un comité international de critiques de cinéma le désigna comme le plus mauvais film des années soixante : après une carrière commerciale désastreuse, la 20th Century Fox décida d'ailleurs d'en interdire la distribution pour au moins trente ans ! Pourtant, le réalisateur, Richard Fleischer, n'était pas le premier venu, ayant notamment à son actif des thrillers remarquables comme *Les Inconnus dans la ville* (1955). Mais, bridé par un scénario pour le moins tendancieux, voire grossièrement mensonger, et manquant manifestement de conviction, Richard Fleischer renonça à toute ambition artistique et laissa le film sombrer dans le ridicule. On ne peut dire qu'Omar Sharif faisait un Che Guevara très crédible et, en Fidel Castro, Jack Palance était tout simplement absurde.

Omar Sharif et Jack Palance dans le film Che! *de Richard Fleischer.*

Trente ans après, le mythe du Che demeurait plus populaire que jamais, et, ces deux échecs depuis longtemps oubliés, le cinéma s'en emparait à nouveau. C'est en Argentine, avec *Hasta la victoria siempre*, que fut amorcé en 1998 le « revival ». Interprété par Alfredo Vasco, ce film de Juan Carlos Desanzo témoignait d'une indéniable intelligence historique, ce qui ne pouvait tout à fait surprendre de la part de l'un des meilleurs cinéastes argentins de sa génération, déjà auteur d'un passionnant *Eva Perón* avec Esther Gloris. Mais après *Carnets de voyage*, les choses n'en sont pas restées là. En effet, l'année 2004 aura également vu le lancement par Hollywood de la production d'un nouveau *Che*. La réalisation en a été confiée à Steven Soderbergh (après que Terrence Malick se fut désisté), et le rôle principal à Benicio Del Toro.

Émotion sur la Croisette, au Festival de Cannes : le 19 mai 2004, Alberto Granado, le vieux compagnon du Che, pose aux côtés de Walter Salles, le réalisateur de Carnets de voyage, *et Gael García Bernal, l'interprète du Che dans le film.*

Maurice Dugowson et l'affiche de El Che.

Pour conclure ce panorama (certainement provisoire !) de la saga cinématographique du Che, il convient de citer deux excellents documentaires de long métrage, sortis à Paris à trois semaines d'intervalle, en 1997. Réalisé par Maurice Dugowson, *El Che, enquête sur un homme de légende* juxtaposait astucieusement documents d'archives et témoignages d'anciens proches du Che pour en offrir un portrait nuancé. Quant à *Ernesto « Che » Guevara, le journal de Bolivie*, dû au documentariste suisse Richard Dindo, il s'agissait d'une entreprise très originale, qui consistait à rechercher sa trace en Bolivie, en suivant scrupuleusement son journal.

Quatre siècles de colonisation espagnole

Cuba, 1868
Les Espagnols se plaisent à Cuba. Ils ont donné une clé à son blason, dessiné en 1849 par Miguel Teurbe Tolón. Chassés de leurs colonies sur le continent américain, il y a déjà un siècle, ils s'éternisent dans cette île dont les contours dessinent un saurien, ce qui lui vaut d'être communément appelée « l'île du caïman vert ». La nature luxuriante a inspiré les bâtisseurs : églises et palais, de La Havane à Santiago, lui renvoient un étincelant reflet. « Je n'ai jamais vu plus beau pays ! » s'écria Christophe Colomb, l'intrépide explorateur, en parcourant le littoral cubain. En 1492, il arriva de l'île de Guanahani, située plus au Nord, dans l'archipel des Bahamas, où il accosta deux semaines plus tôt. Tout ici n'était qu'harmonie : les indigènes, Taïnos, Siboneyes, Guanahatabeyes, et leur innocence lascive, la symphonie incessante surgissant des palmiers royaux qui abritaient des myriades d'oiseaux bigarrés, offraient l'image du paradis.

L'esclavage des Noirs garantit la prospérité

Les Noirs importés d'Afrique remplacent les Indiens décimés par les colons.

Cuba, 1868
Venues des côtes africaines, des vagues de bateaux négriers, avec la régularité de la marée, déchargent dans les ports cubains leur honteuse cargaison. Ils vendent ici hommes, femmes et enfants, arrachés contre leur gré à leur terre, emportés à l'autre bout de la mer. Le paradis offert à Colomb n'est plus. Maladies et injustice des Blancs ont décimé les Indiens. Les rescapés sont déclarés inaptes à cultiver les cannaies et les champs de tabac qui assurent au pays de tutelle et aux colons une fortune inépuisable. L'esclavage de ces hommes réputés sans âme est la règle en ces contrées. Les révoltes surgies des îles voisines, voici peu, ébranlent la société.

Le souffle de la Révolution arrive à Cuba

Cuba, 1868
De la lointaine France, l'écho de la Révolution atteint les Caraïbes. Les philosophes des Lumières, pour qui l'homme est le centre de l'univers, ont imposé la république. Haïti, soumise au roi de France, a arraché ses chaînes et gagné sa liberté. A Cuba, l'ordre règne, maintenu par une main de fer. Le roi, l'Eglise et leurs princes brûlent les hérétiques, qu'ils s'opposent à la foi ou à la loi. L'organisation sociale est contestée, et l'esclavage heurte la morale. Les créoles, grevés de taxes, rêvent de briser la tutelle espagnole pour être cubains. Depuis le début du siècle, des réformistes se lèvent, rejoints dans la révolte par *La Gran Legion del Aguila Negra*, des esclaves.

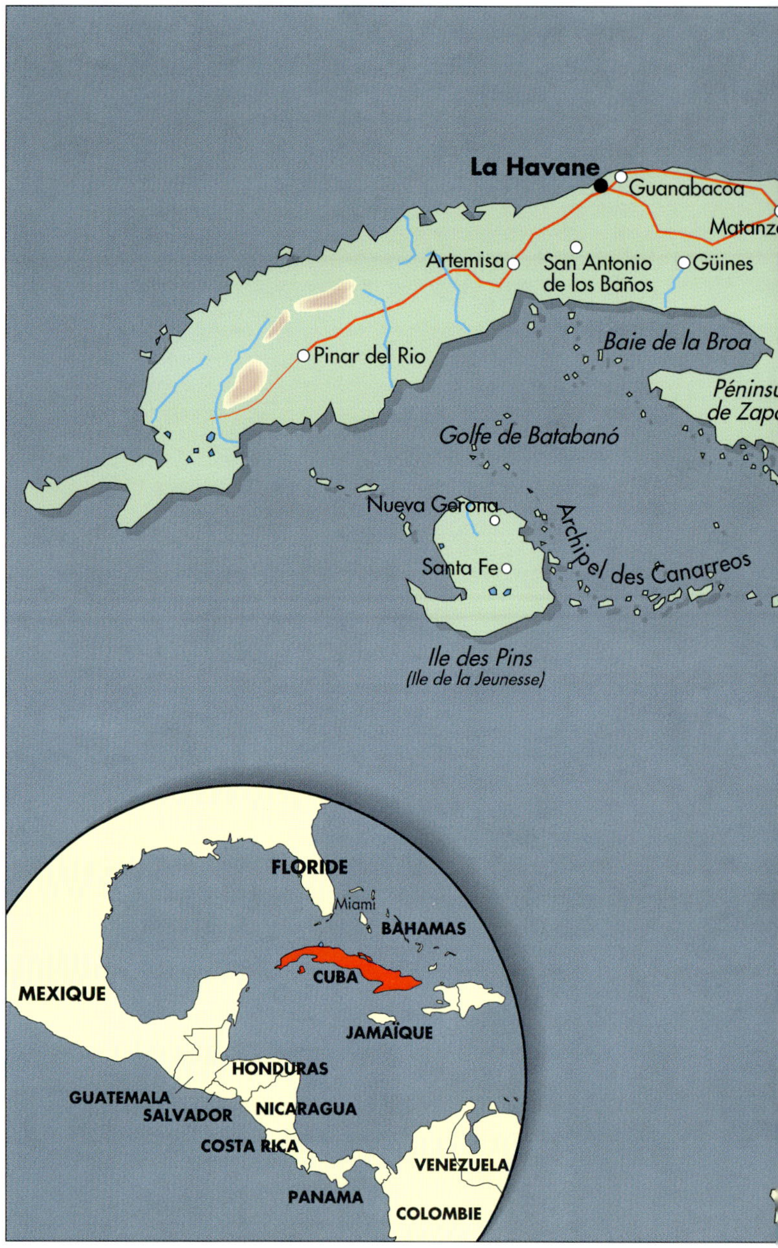

Céspedes est devenu le père de la patrie

Dix ans de révolte contre Madrid.

Sierra Maestra, 27 février 1874
Acculé par les soldats espagnols, Carlos Manuel de Céspedes a choisi de se donner la mort plutôt que de se rendre. « Le père de la Patrie » entre ainsi dans les riches heures de l'histoire de Cuba dont il a écrit les premières pages glorieuses. Il est à l'origine de la première Constitution de la « république en armes » que les *mambises* avaient proclamée. De son domaine, la Demajuagua, le 10 octobre 1868, il conduisait la charge sur la garnison de Yara après avoir affranchi ses esclaves. Bien que défait, Céspedes poussait son cri qui résonne encore : « Il ne reste que douze hommes, c'est suffisant pour gagner l'indépendance. »

José Martí est l'apôtre de l'indépendance

Remanganaguas, 19 mai 1895
L'officier espagnol qui commande le poste s'apprête à accompagner la dépouille d'un ennemi implacable jusqu'au cimetière de Santiago. La veille, son escouade a fait le coup de feu contre un cavalier chargeant tête nue, pistolet au poing. Une balle lui a fracassé la poitrine. Touché de plein fouet, le corps roula à terre. Martí n'était plus. Patriote exigeant, conscience de Cuba mais aussi de toute l'Amérique latine que, à la suite de Simon Bolivar, il appelait « notre Amérique », il était rentré au pays le 11 avril dernier avec un autre patriote, le général Máximo Gómez. Dans son exil new-yorkais, il publia de nombreux articles dans la presse et prit conscience du danger que représentait pour Cuba la puissance américaine. Il s'employait à ranimer la flamme des héros de la guerre de Dix Ans déclenchée par Céspedes. En exil, il créa le Parti révolutionnaire cubain. Fondateur du journal pour enfants *L'edad de oro*, sa poésie humaniste simple d'accès touche les cœurs, sa prose ravive les forces qui doivent se mobiliser pour que triomphent justice et liberté. La veille de sa mort, il écrivait une lettre à un ami mexicain dans laquelle il dit avoir vécu « dans les entrailles du monstre », qu'il avait choisi « d'affronter chaque jour le danger pour retarder l'extension américaine aux Antilles ».

Homme de pensée autant qu'homme d'action, Martí est mort en combattant.

1898 → 1909

Washington, 25 février 1898
Theodore Roosevelt, assistant du secrétaire d'Etat à la Marine, envoie un pli secret à l'amiral George Dewey à Hong Kong pour qu'il prépare une attaque contre la flotte espagnole aux Philippines.

Manille, 1er mai 1898
La flotte américaine écrase la flotte espagnole, obsolète.

Porto Rico, 28 juillet 1898
Les Portoricains remettent leur destin dans les mains de l'Amérique, dans l'allégresse.

Hawaii, 12 août 1898
L'archipel devient entité américaine.

Manille, 13 août 1898
L'amiral Dewey enlève Manille. A la demande des Espagnols, il fait procéder à une canonnade d'opérette, afin qu'ils gardent la face.

Philippines, décembre 1898
William Howard Taft est nommé gouverneur par les Etats-Unis.

Banès (Cuba), 16 janvier 1901
Naissance de Fulgencio Batista.

Washington, 14 septembre 1901
Teddy Roosevelt, à 42 ans, devient le plus jeune président des Etats-Unis.

Washington, 6 novembre 1903
Les Etats-Unis reconnaissent la république de Panamá.

La Paz, 17 novembre 1903
La Bolivie cède un vaste territoire de sa zone amazonienne au Brésil.

La Paz, 20 octobre 1904
La Bolivie cède sa façade pacifique au Chili. Elle n'a plus d'accès à la mer.

Washington, 6 décembre 1904
Teddy Roosevelt annonce une extension de la « doctrine de Monroe ». On commence à parler du « corollaire de Roosevelt ».

Washington, janvier 1909
William Howard Taft succède à Teddy Roosevelt à la présidence.

Washington invoque Monroe et déclare la guerre à l'Espagne

Sans raison apparente, le croiseur « USS Maine » explose dans le port de La Havane, tuant 252 marins américains.

Le « Maine » explose à La Havane

La Havane, 16 février 1898
Les curieux qui se pressent dans le port commentent le triste spectacle qui s'offre à leurs yeux. Une partie d'un grand mât et quelques haubans du croiseur américain *USS Maine* flottent, calcinés. Il était à l'ancre dans le port hier quand, à 16 h 40, une terrible explosion s'est produite dans la cale, envoyant par le fond le bâtiment et avec lui ses 252 marins, en quelques secondes. Le capitaine Charles Sigsbec et tous les officiers supérieurs sont saufs car ils étaient éloignés des ponts inférieurs où s'est produite la déflagration. En janvier, le président William McKinley a donné l'ordre à sa marine de guerre de « montrer les couleurs » en signe d'amitié avec l'Espagne. Ce qui a été apprécié. La rumeur enfle et désigne tour à tour l'Espagne et les Cubains patriotes. McKinley est furieux.

Roosevelt aux portes de Santiago de Cuba

Collines de San Juan, juillet 1898
L'Amérique a déclaré la guerre à l'Espagne le 25 avril dernier. Ses marines ont débarqué en Oriente. Santiago doit être prise coûte que coûte. Face à la ville, la colline de San Juan. La bataille est terrible. Un millier d'Américains ont péri pour ouvrir la route vers Santiago. A un contre dix, les Espagnols ont opposé une défense acharnée. Le colonel Theodore Roosevelt, à la tête de ses *Rough Riders*, s'est battu avec une folle bravoure. En vrai cavalier.

Le colonel Theodore Roosevelt mène la charge sur les collines de San Juan.

Roosevelt veut faire des Caraïbes un lac américain

Le traité de Paris fait de Cuba un Etat

Paris, 10 décembre 1898
Les Etats-Unis sont venus à bout des résistances dilatoires opposées avec maestria par l'Espagne : « Après tout nous avons gagné la guerre » ont fait valoir les Américains. L'Espagne doit recevoir 20 millions de dollars pour abandonner les Philippines, après sa défaite à Manille le 13 août de l'année dernière. Le président McKinley peut être satisfait. En cette fin de siècle, il s'applique sur le terrain à confirmer la diplomatie mise au point par le président James Monroe en 1823, connue sous le nom de « doctrine de Monroe », en fait mise au point par son secrétaire d'Etat, John Quincy Adams. En substance, cette doctrine cherche à protéger les Etats-Unis, souverains depuis 1784 seulement, contre les menaces potentielles des Européens. Avec le temps et le renforcement de sa force économique et militaire, ce pays s'emploie à faire de l'ensemble du continent sa chasse gardée, les pays les plus proches de ses côtes en étant « l'arrière-cour ». Le traité de Paris illustre le souci d'occuper les espaces par la guerre ou la paix.

Le président Theodore Roosevelt concrétise la « doctrine de Monroe » pour contrôler l'Amérique, du nord au sud.

Don Tomás Estrada Palma devient le premier président de Cuba

La Havane, 20 mai 1902
Vétéran de la guerre de Dix Ans, successeur de José Martí à la tête du Parti révolutionnaire cubain, don Tomás Estrada a été élu président de la République cubaine sans qu'aucune candidature ne le pousse à la compétition. Son élection ne doit rien à son passé, qui ne pèse pas face à ses nouvelles dispositions américanophiles. Durant toute la campagne électorale, son opposant, Bartolomé Masó, ex-président de la « république en armes », durement opposé à l'amendement Platt voté par la Constituante, s'est retiré après avoir reçu des menaces. Les patriotes jugent la souveraineté de Cuba caduque depuis que, en date du 21 février 1901, la Constituante s'est soumise à l'entière volonté du Congrès américain, en cédant aux Etats-Unis des privilèges politiques, économiques et diplomatiques.

Le président de Cuba (à l'avant), accompagné par un officiel américain.

La bannière étoilée flotte à Cuba

La Havane, 25 janvier 1909
José Miguel Gómez, un libéral, est élu chef de l'Etat. Il met ainsi fin à l'administration directe américaine depuis 1906, en plein accord avec les dispositions de l'amendement Platt. A cette époque, don Tomás Estrada avait appelé l'Américain Charles Edward Mangoon afin qu'il administre le pays, traversé par des révoltes suscitées par sa politique d'alignement sur les Etats-Unis. Si l'administration étrangère directe s'achève, les dirigeants américains ont encore la haute main sur l'île. Ils peuvent à tout moment intervenir militairement pour garantir « la propriété privée et la sécurité ». Cuba ne peut non plus signer de traités internationaux sans leur aval. A leur disposition encore, une base navale à Guantánamo, en Oriente.

1910 → 1928

Washington, 3 décembre 1912
L'ex-président William Taft déclare au Congrès que « la diplomatie n'a d'autre but plus direct que d'accroître le commerce américain ». L'actuel président Woodrow Wilson promet au contraire que « sa politique étrangère sera morale et non mercantile ».

Cuba, 1912
Mario Ménocal est élu président de la République. Il émarge à la Cuban-American Sugar Company.

Guatemala, 1913
Le président Manuel Estrada Cabrera cède devant les menaces sérieuses des Anglais, et règle ses dettes.

Mexico, 15 juillet 1914
Les troupes américaines déposent le président Victoriano Huerta.

Paris, 1er août 1914
La France est en guerre contre l'Allemagne.

Washington, 6 avril 1917
Les Etats-Unis déclarent la guerre à l'Allemagne.

Oyster Bay, 6 janvier 1919
L'ancien président Theodore Roosevelt s'éteint à son domicile de l'Etat de New York. Il était né le 27 octobre 1858.

Cuba, 20 mai 1921
Le Dr Alfredo Zayas, président de la République, est forcé par le général américain Crowder de former un cabinet qui ait son aval pour obtenir un prêt bancaire.

Oriente (Cuba), 13 août 1927
Naissance de Fidel Castro, à 2 h du matin dans la *finca* familiale. Son père, Angel, exploite près de 800 hectares.

Rosario, fin juillet 1928
Ernesto Guevara souffre d'une grosse bronchite.

La Havane, 1928
Le président Gérardo Machado modifie la Constitution pour se donner plus de pouvoirs.

L'oligarchie régit l'Amérique latine

Des propriétés aux dimensions de provinces

Argentine, 1918
Un récent recensement indique que 2 858 latifundistes possèdent chacun entre 5 000 et 10 000 hectares de terre, 1 474 possèdent entre 10 000 et 30 000 hectares. Les plus lotis, ils sont 485, accaparent plus de 25 000 hectares. Les éleveurs de bovins les plus puissants ont une centaine de milliers d'hectares. La réalité qui prévaut en Argentine se retrouve dans les autres pays du continent. Ainsi à Cuba, l'Américain Preston a acheté, en 1901, 75 000 hectares dans la baie de Nipe, au nord de la province d'Oriente. Il a payé moins de six dollars l'hectare, et il a rasé des forêts de bois précieux pour un montant supérieur à son achat initial afin d'y faire pousser la canne. Le bois a alimenté les chaudières des raffineries de sucre.

United Fruit contrôle l'économie de Cuba

Oriente (Cuba), 1918
United Fruit Company, le puissant trust américain, étend ses tentacules à Cuba aussi. Il se taille la part du lion en exploitant plus de cent mille hectares. Ses finances lui permettent de posséder des raffineries de sucre, des usines, électriques et autres, pour produire en toute autonomie.

En Argentine, les « aguateros » ravitaillent les villes en eau alors que l'oligarchie vit dans une opulence insolente.

La finance s'invite au festin cubain

Cuba, 1928
Gérardo Machado gouverne le pays depuis trois ans et s'attire la haine du peuple, qui ne tarit pas d'insultes contre lui. Montent des cortèges des manifestants les slogans tels que : « Mussolini des tropiques » ou, plus leste, « trou du cul avec des griffes ». Les Cubains sont colonisés par les financiers étrangers, surtout par les nord-américains. Ces derniers ont investi plus de 1 600 millions de dollars. La fin du conflit mondial de 1914-1918 a entraîné l'économie de Cuba dans une spirale de déflation. Le cours du sucre, qui avait grimpé en flèche en 1914, à la faveur de la guerre, s'est effondré. Les étrangers ramassent les biens des propriétaires ruinés. Les banques américaines contrôlent 80 % de l'industrie du sucre, et les dépôts « cubains » dans ces mêmes banques passent à 69 % alors qu'ils n'étaient que de 21 % un an plus tôt. Les financiers cubains, lors de la « valse des millions », ainsi que la presse appelait la spéculation durant la guerre, ont bâti Vedado et Miramar, quartiers d'affaires chics de La Havane. Mais la répression n'a pas empêché Fabio Grobart et Julio Antonio Mella de créer le Parti communiste cubain, en 1925, en unissant des courants marxistes.

Ernestito naît un après-midi d'hiver

A gauche, Ernestito et sa mère. A droite, son cousin Marcelo et sa tante, sa grand-mère et sa tante paternelle Beatriz.

Rosario, 14 juin 1928
C'est à 15 h 05 qu'Ernesto Guevara de la Serna voit le jour. Il est né sur le chemin de Buenos Aires, où sa mère, Celia de la Serna, avait prévu son accouchement. Elle était partie quelques jours plus tôt avec son mari, Ernesto Guevara Lynch, de Puerto Caraguatay, situé dans la province de Misiones, à 1 200 km au nord-est de la capitale. Les parents espéraient descendre le Paraná pour arriver à destination après sept jours de navigation. A l'escale de Rosario de la Fé, le bébé a décidé que c'était un bon endroit pour naître. On lui donne le prénom de son géniteur, mais il est convenu qu'on l'appellera Ernestito, pour éviter les confusions. A Rosario, l'hiver austral est humide et froid.

Yrigoyen reprend le pouvoir en Argentine

Buenos Aires, 12 août 1928
Hipolito Yrigoyen, radical, retrouve la Casa Rosada, siège du président de la République. Il avait été élu une première fois le 2 avril 1916. Le vieux « peludo », le tatou, comme ironisent ses adversaires, peut se flatter, à 78 ans, d'avoir marqué son époque pour avoir maté la révolte des gauchos en janvier 1922. Deux mille rebelles ont été passés par les armes sur son ordre. Les éleveurs, peu enclins à parler de justice, ont profité de l'inexpérience de leurs employés, qui se sont fait encercler, domaine après domaine, et ont été poussés à la capitulation. Le chef de l'Etat se méfie de la première force du pays. Des militaires complotent au sein de la « loge du général San Martín », le club social des officiers fascisants. Leur idole dirige l'Italie.

1928 : Fidel Castro Ruz a un an et demi. Il vit dans la propriété familiale de Birán, à 40 km de Dos Rios (Oriente), là où est mort José Martí.

1929 ......➤ 1932

De 0 à 4 ans

Luján, 5 janvier 1929
Le capitaine Juan Perón épouse Aurelia Tizón, diplômée institutrice, en l'église Notre-Dame.

Mexico, 10 janvier 1929
Gérardo Machado, président de la République cubaine, fait assassiner Julio Antonio Mella, figure de proue de l'opposition. Après dix-neuf jours de grève de la faim effectués en prison et grâce au soutien populaire pour le faire libérer, il avait été contraint à l'exil.

Buenos Aires, 29 août 1929
Promulgation de la loi 11544 qui détermine la durée du temps de travail quotidien en Argentine.

New York, 29 octobre 1929
« Mardi noir » à Wall Street où les cours sont en chute libre.

Buenos Aires, 28 avril 1930
Un décret instaure le fête du 1er Mai.

La Paz, juin 1930
Le président bolivien Hernando Siles Reyes est renversé par un coup d'Etat fomenté par Daniel Salamanca qui le remplace.

Argentine, 4 septembre 1930
Les étudiants manifestent dans tout le pays pour réclamer le départ du président Hipolito Yrigoyen.

Argentine, 27 septembre 1930
Naissance de la centrale syndicale CGT.

Guatemala, 14 février 1931
Le général Ubico est confirmé par les élections.

Buenos Aires, 20 mai 1931
Un décret reconnaît le caractère officiel de la Ligue civique, une organisation nationaliste qui entraîne ses militants dans les casernes.

L'album de famille des Guevara

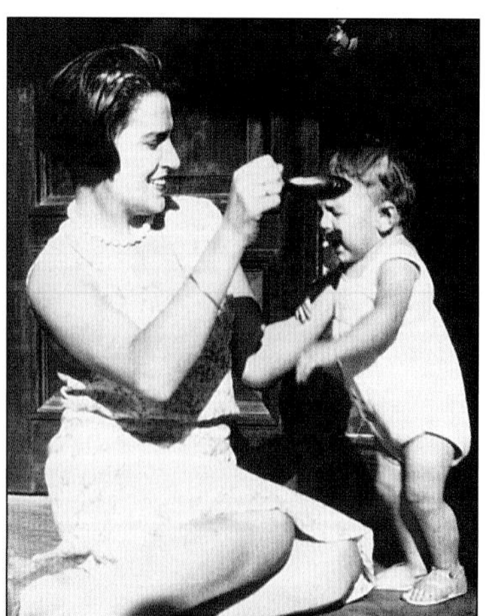

Le petit Ernesto est avec sa mère Celia (en bas, à gauche) et dans les bras de sa tante Ernestina (photo du haut).

Une famille argentine, aisée, bohème et nomade

Les Guevara habitent calle Alem, dans le quartier San Isidro. En haut à gauche, Ernesto est avec son père et sa mère. En bas, une réunion de la famille. ▷

A Misiones, la nature tropicale dévoile ses pièges et ses charmes

Misiones (Alto Paraná), juillet 1929
Bâtie en bois et sur pilotis, d'après les plans faits par Guevara Lynch, la grande maison familiale résonne des rires d'Ernesto. Il est heureux le bonhomme. L'apprentissage de la vie, ici, va de pair avec celui d'une nature luxuriante, en bordure du Paraná majestueux. Le climat est tropical. Tout près, la forêt que l'on ne pénètre qu'à coups de machette. Elle abrite une faune fascinante : les jaguars, crocodiles, tapirs côtoient des nuées de perroquets, bavards impénitents, au ramage aussi coloré que le plumage. Le soir, Ernesto confie ses pieds au majordome pour qu'il extirpe des insectes minuscules avec une aiguille en or. Un éden pour les Guevara, oublieux de toutes les bestioles qui compliquent la vie des planteurs. Ce coin perdu, dans le nord-est du pays, recèle « l'or vert », l'arbuste qui donne le maté dont est tirée, après infusion dans une petite calebasse, la boisson nationale. On l'appelle aussi « le thé des jésuites » qui ont laissé au lieu le souvenir de plus d'un siècle de présence. Son *yerbal*, une plantation de maté, Guevara entend l'exploiter, même si les autres planteurs n'aiment guère son parti pris de payer les *peones* en bon argent, au lieu de les exploiter.

Les bains lui sont fatals : pneumonie, point d'asthme et asthme chronique.

L'armée argentine prend le pouvoir

Buenos Aires, 29 septembre 1930
De sa prison sur l'île Martín Garcia, l'ancien président Yrigoyen médite sur le pouvoir de l'argent. Felix Uriburu, le général qui a conduit les forces armées pour le destituer le 6 septembre dernier, a bien servi les intérêts financiers, même s'il se dit investi d'un destin national. C'est une révolution qui a beaucoup plus l'odeur de l'argent que de la poudre. Les compagnies pétrolières, aussi bien l'américaine Standard Oil que l'anglaise Royal Dutch Shell, ne pouvaient pas tolérer la concurrence d'un monopole d'Etat touchant les hydrocarbures. L'oligarchie aussi se satisfait du *golpe*. Elle craignait une immixtion de l'Etat dans les affaires économiques. Cette nouvelle donne politique est la bienvenue à Londres. Le Foreign Office se voyait entraîné dans des négociations économiques bilatérales insupportables. Avec son gouvernement, Yrigoyen se mettait en tête d'exiger que les entreprises britanniques dépensent les devises provenant de la vente de viande ou de céréales argentines sur place. Le nouveau régime récompense aussi ses hommes : le capitaine Juan Perón entre travailler à la Casa Rosada.

Dans la nuit, Ernesto ne sait plus respirer

San Isidro, 2 mai 1930
Celia de la Serna, 24 ans, l'allure aristocratique, polyglotte, a coupé ses cheveux et nage ses mille mètres chaque fois qu'elle le peut. Peu de femmes se mettent en costume de bain. Ce matin, un vent aigre du sud rafraîchit l'air. Elle laisse son fils sur la plage du río Paraná, lui aussi en maillot, et court, plonge, nage. En vraie sirène, elle ne sent pas le froid et s'attarde dans l'eau. Mais l'enfant grelotte, il n'en peut plus d'être seul. Son père est retenu sur le chantier naval qu'il possède avec plusieurs partenaires. La famille vit désormais dans cette banlieue chic de Buenos Aires : retour à la civilisation, et aux codes dont le couple se moque. Ils aiment les croisières dans le delta à bord de leur yacht équipé de cinq couchettes. Enfin, Celia revient. Dans la nuit, Ernesto fait une crise d'asthme. Il suffoque, pathétique.

La grande dépression mondiale accentue les difficultés de Cuba

La troupe patrouille devant le journal « El País » qui a refusé la censure.

Cuba, 30 septembre 1930
L'étudiant Rafael Trejo est mort des suites des violences policières dont ont été victimes les manifestants. Ce même jour, Pablo de la Torriente, une grande figure de l'opposition et militant actif de l'anti-impérialisme, a été blessé lors d'une charge des policiers. Les foules réclament la démission de Gérardo Machado, le chef de l'Etat, très lié aux intérêts financiers étrangers. Chaque jour entraîne ses cortèges de victimes de la crise qui sévit. Les chômeurs et les sans-logis, qui, hier, faisaient partie de la classe moyenne, se déversent dans les rues de la capitale. Et les grèves s'étendent aux autres villes, telles Santiago et Manzanillo. En province, la misère et le chômage entraînent l'apparition de bandes armées. Quant à Machado, il tient bon, fort de ses nouveaux pouvoirs. Mais l'opposition fait front : la grève générale de mars a été un succès, quoique difficile à organiser.

En quête du bon climat qui apaise le mal

Ernesto et sa sœur Celia (au centre) jouent avec leurs cousins maternels.

Buenos Aires, 18 mai 1932
Roberto est né. C'est le troisième enfant. Sa sœur, Celia, a vu le jour le 31 décembre 1929, à San Isidro. La famille a décidé d'emménager en ville, rue Bustamante, à l'angle de la rue Peña, dans un immeuble de quatre étages. L'humidité qui monte du Paraná sature l'air de San Isidro. Il ne convient pas aux bronches de Tete, l'autre façon, réservée aux seuls intimes, d'appeler Ernesto. Les parents sont inquiets et consultent à tour de bras tous les spécialistes de l'asthme, qui leur conseillent de se fixer dans un lieu au climat sec. Ils font de longs séjours dans quelques *estancias* d'amis, aux environs de la capitale. L'enfant passe beaucoup de temps chez sa grand-mère, Ana Isabel Lynch, qui vit avec Beatriz, sa fille célibataire. Elles l'entourent d'affection ; tante Beatriz se jette sur tout ce qui se publie à propos de cette maladie, et envoie le fruit de ses recherches aux parents de Tete. Le petit Ernesto essaie donc tous les remèdes : fumigations, injections et sirops. La nuit, il dort allongé sur la poitrine de son père, angoissé tout comme Celia depuis qu'elle l'a entendu implorer : « Papa, piqûre ! »

1932 : Ernesto adore les chevaux. A 4 ans, il mène le poney qui porte Celia.

La Bolivie se lance dans la guerre du Chaco

Chaco, 29 septembre 1932
Débuts difficiles pour la Bolivie qui s'est lancée à corps perdu dans la guerre du Chaco : après vingt jours de combats acharnés, le Paraguay a enlevé le fortin de Boquerón au prix de 1 890 morts. L'armée bolivienne était réticente à ouvrir les hostilités. Nul ne sait à qui appartient cette immense étendue désolée, située aux confins du Paraguay, de l'Argentine et de la Bolivie. L'échec prévisible des négociations de conciliation, sous l'égide de l'Argentine, a permis au président Daniel Salamanca, un grand propriétaire terrien, chef du Parti républicain authentique, de se lancer dans la guerre le 18 juillet dernier. L'économie subit les effets de la crise mondiale. Incapable de la redresser, il choisit la fuite en avant et se rallie l'opinion publique et les partis d'opposition en jouant sur le nationalisme. Il n'a guère de mal, les Boliviens n'ont pas digéré la perte de territoires due à la sottise de caudillos d'opérette : 600 000 km² concédés aux voisins. La Standard Oil, présente dans le Chaco bolivien, veut un accès facile vers la mer pour ses barils. Face à elle, la Shell, qui préfère être seule, ici, à exploiter.

1932 : la famille est revenue à Buenos Aires et Ernesto rêve d'automobile.

1933 → 1934

De 4 à 6 ans

Cuba, février 1933
Summer Welles, secrétaire d'Etat de Franklin Roosevelt, offre des crédits à Machado en échange d'un assouplissement de sa politique avant les élections prévues l'an prochain. Il offre sa médiation aux partis de l'opposition afin que cessent les désordres ; les étudiants et les ouvriers sont les seuls à refuser.

Argentine, 27 mai 1933
La Grande-Bretagne s'approprie la majorité de l'exportation de la viande.

Alta Gracia, juin 1933
Ernesto fait la connaissance du petit Carlos Ferrer, dit Calica, fils de médecin.

Cuba, 7 août 1933
La grève générale s'étend dans tout le pays, décrétée par Ruben Martinez Villena, leader communiste.

Cuba, 11 août 1933
Devant l'ampleur de la grève qui ne désarme pas, Summer Welles pousse le commandant en chef des armées, Alberto Herrera, à la présidence par intérim.

La Havane, 10 septembre 1933
Opposé à Céspedes, un groupe ultra conservateur d'officiers se barricade à l'hôtel Nacional pour faire le coup de feu, sous la protection de Summer Welles. Dans la rue, Batista fait lyncher des ouvriers par la foule.

Santa Clara, 28 janvier 1934
Naissance d'Aleïda March, dans la province centrale de Cuba.

Argentine, juillet 1934
Les leaders radicaux sont libres. Ils viennent de passer sept mois en prison, à Ushuaïa, en Terre de Feu.

Le climat sec de la province cordobaise stimule l'énergie de Tete

Quitter la belle vie et le voir s'épanouir

Alta Gracia (Córdoba), 1933
Accrochée au flanc de la montagne, l'ancienne *reducción* jésuite, où les Indiens semi-nomades étaient autrefois « parqués » pour y être réduits, convient bien aux poumons de Tete. Les Guevara n'ont pas lésiné pour la trouver. C'est le docteur Fernando Peña qui le leur a recommandé. Ils se sont résolus à quitter l'aisance de la capitale pour ne plus entendre ses miaulements de chat. L'auberge La Gruta les accueille avec Carmen, la bonne, le temps de trouver la villa Chichita au loyer très modeste car la maison a la réputation d'être hantée.

Son père, Ernesto Guevara Lynch, apprend à Celia à rouler sur son vélo.

Ana Maria Guevara est née à Alta Gracia

Alta Gracia, 28 janvier 1934
C'est à la villa Chichita qu'est née la petite dernière, Ana Maria. Elle ne peut se gausser comme ses parents, des libres penseurs, des passants qui pressent le pas sur le trottoir d'en face pour éviter la « maison hantée ». Celle-ci n'est traversée que de courants d'air. Ses deux étages dominent un beau quartier bâti par les Anglais. L'hiver, elle est glaciale. Pour se réchauffer, Celia a disposé sous la grande table de la salle à manger, en appoint, un réchaud électrique. La nappe, en tombant jusqu'au sol, retient la chaleur.

Avec sa mère et sa sœur, les deux Celia, dans les environs d'Alta Gracia.

Budget resserré : il faut déménager

Alta Gracia, 1934
La crise qui sévit n'épargne pas les Guevara. Le maté voit son cours chuter et les Argentins se privent de tout. Celia possède un *campo*, une propriété consacrée à l'élevage. Les revenus qu'elle en tire s'effondrent du fait de la sécheresse. Aussi, ils abandonnent la Chichita. C'est la villa Nydia qui les accueille. Située dans un quartier populaire, ceinte d'un hectare de terrain recouvert d'herbes folles, elle offre une jungle à la marmaille qui oublie facilement les promenades à dos d'âne.

Fier d'être assis sur le cheval de son père, Ernesto prend une attitude de star.

Le sergent sténographe Batista commande l'armée de Cuba

Exil doré pour le président Machado.

Fulgencio Batista a organisé le coup d'Etat militaire du 4 septembre 1933.

La Havane, 14 janvier 1934
Cette journée-là, Fulgencio Batista Zaldivar ne l'oubliera pas. Le voilà promu faiseur de rois, alors qu'il n'était, il y a quatre mois à peine, que sergent de l'armée cubaine, avec pour spécialité la sténographie. Ce matin, trente navires de l'US Navy effectuaient des ronds dans l'eau à quelques encablures de La Havane, manifestant ainsi l'ire américaine envers le gouvernement de Grau San Martín, jugé trop progressiste et dont le plan de réforme a été rejeté par la United Fruit. Batista a très vite compris que l'heure était venue de renverser ce pouvoir qu'il avait, avec d'autres, contribué à mettre en place : le 4 septembre, il agissait avec la Ligue révolutionnaire de Cuba, un club de sous-officiers, alliée au Directoire révolutionnaire dans le but d'évincer le fils du héros, Carlos Manuel de Céspedes, chef de l'Etat éphémère après que Machado partit pour l'exil le 12 août 1933. Ils ont alors formé une *pentarchie* qui s'est effacée pour Grau, juste après avoir nommé Batista chef des armées. Ce métis ambitieux voit monter sur l'échiquier politique la « génération de 1930 » et son credo : nationalisme et conscience de classe exigeante.

Le nouveau président Grau San Martín cristallise le mécontentement général de toutes les forces politiques de Cuba.

Ils se mutilent pour déserter le Chaco

Chaco, printemps 1934
L'armée bolivienne est traversée de rébellions, elle ne supporte plus les pertes tragiques dont elle rend le stratège allemand, le général Hans Kunst, responsable. Il a été limogé en décembre dernier. Les troupes sont saignées à blanc. Sur 77 000 hommes, il n'en reste que 15 000 dont 8 000 sont valides ; 14 000 ont été tués, 10 000 sont prisonniers, 6 000 ont déserté et 32 000 ont été rapatriés, malades ou mutilés. Les méthodes barbares de recrutement ont choqué l'opinion et encouragé les recrues, dont la grande majorité est indienne, à se tirer une balle dans la main gauche, gagnant de la sorte le quolibet *izquierdistas*, gauchistes.

Ernesto est fier, il appose sa griffe

Alta Gracia, 1934
Il ne perd pas de temps Ernesto. Objet des soins les plus attentifs de son entourage, il apprend à lire et à écrire, tous les jours, guidé par sa mère. Bien qu'éloigné de la capitale, il n'oublie pas la douceur indulgente de tante Beatriz, qui ne laisse pas passer une semaine sans écrire. Un beau matin, c'est décidé. Avec une plume enfantine mais déjà assurée, il signe les baisers envoyés « Tete ».

Roosevelt préfère prévenir que guérir

Washington, 6 août 1934
« Les Etats-Unis veulent être les bons voisins de l'Amérique latine », fait savoir le président Franklin Roosevelt. Il entend ainsi mettre un terme à l'interventionnisme tous azimuts de son pays dans la région et restaurer son image en piteux état. Entamés en mai dernier, des pourparlers avec les Cubains ont abouti à l'abandon de l'amendement Platt. Il n'y aura plus d'ingérence dans les affaires domestiques de l'île. Cependant, la base navale de Guantánamo reste sous la stricte souveraineté des Etats-Unis qui, par ailleurs, mettent fin à 19 ans de leur occupation militaire en Haïti, mais en contrôlent encore les finances.

1935 → 1937

De 6 à 9 ans

Medellin, 24 juin 1935
L'Argentin Carlos Gardel, dit Carlito, le roi du tango, est mort dans un accident d'avion.

La Paz, 1935
Le colonel David Toro, qui inaugure l'exercice du pouvoir par la « génération du Chaco », entreprend des réformes sociales : il est le premier en Amérique latine à nationaliser le pétrole.

Santiago de Cuba, 1935
Fidel Castro, inscrit à l'école des jésuites Dolores, loge dans une famille, tout comme sa sœur Angela. Il reçoit de ses parents une allocation hebdomadaire.

Buenos Aires, 2 avril 1936
La CGT appelle à la mobilisation des travailleurs pour la grève générale.

Buenos Aires, 20 avril 1936
Fusillade à l'université entre étudiants de gauche et réactionnaires.

Cuba, 1936
Miguel Mariano Gómez est élu président de la République à la faveur d'élections truquées.

Cuba, 1936
Le vice-président Laredo Brú dépose Gómez.

Santiago de Cuba, 1936
Fidel Castro est opéré de l'appendicite.

La Paz, 1937
Le héros de la guerre du Chaco, le lieutenant-colonel German Busch, renverse Toro et impose une dictature militaire à vocation sociale.

Santiago de Cuba, 1937
Fidel Castro, ne supportant pas ses logeurs, entre à l'internat de Dolores. Il met ses parents devant le fait accompli.

La Bolivie, épuisée, signe la paix

Buenos Aires, 12 juillet 1935
La Paz et Asunción signent la paix. Cruel conflit : la Bolivie, en va-t-en-guerre imprudent de trois millions d'habitants, déplore 65 000 morts ou disparus. Les Indiens Quechuas et Aymaras ont supporté l'effort de guerre le plus lourd. Ils ont subi les variations climatiques extrêmes d'une région qui leur était inconnue. Dans le camp ennemi, des Indiens et des métis, plus familiers des lieux, ont mieux résisté. Néanmoins, dans ce conflit absurde, tous ont enduré des souffrances terribles, dont la soif. Pour un point d'eau boueuse, les soldats se sont livrés à des corps à corps acharnés. Dans le courant de l'année dernière, des émeutes ont éclaté à La Paz, le peuple refusant le lot quotidien de morts et de défaites. Ainsi, pendant un an, l'ennemi a campé dans le sud-est du pays, dans la région de Santa Cruz et Tarija. En mars dernier, un jeune stratège, le commandant German Busch, a réussi à le repousser dans son pays. La Bolivie a perdu 120 000 km^2 et gagné la « génération du Chaco », née du brassage des classes sociales sous l'uniforme, très consciente de sa force et de ses droits.

Ernesto découvre la discipline de l'école

Ernesto abandonne la douceur de l'éducation que lui donnait sa mère Celia.

Alta Gracia, 1935
L'année de ses sept ans, Ernesto ne l'oubliera pas. Certes, il a perdu sa première dent mais le bonhomme ne s'est pas laissé impressionner. Non, la grande nouvelle est arrivée un matin par la poste. Un courrier de l'Education nationale faisait savoir à ses parents son étonnement de n'avoir point d'Ernesto Guevara inscrit sur ses registres scolaires. Une heure après, la réponse était prête. Celia signifiait au signataire son bonheur de lire l'intérêt que l'honorable institution portait à l'endroit de son enfant. Elle n'a pas manqué de souligner qu'Ernesto est fin prêt à intégrer la classe, fort d'un bagage acquis grâce à sa pédagogie, et équipé d'un inséparable remède...

Fidel Castro quitte les frères maristes et entre chez les jésuites

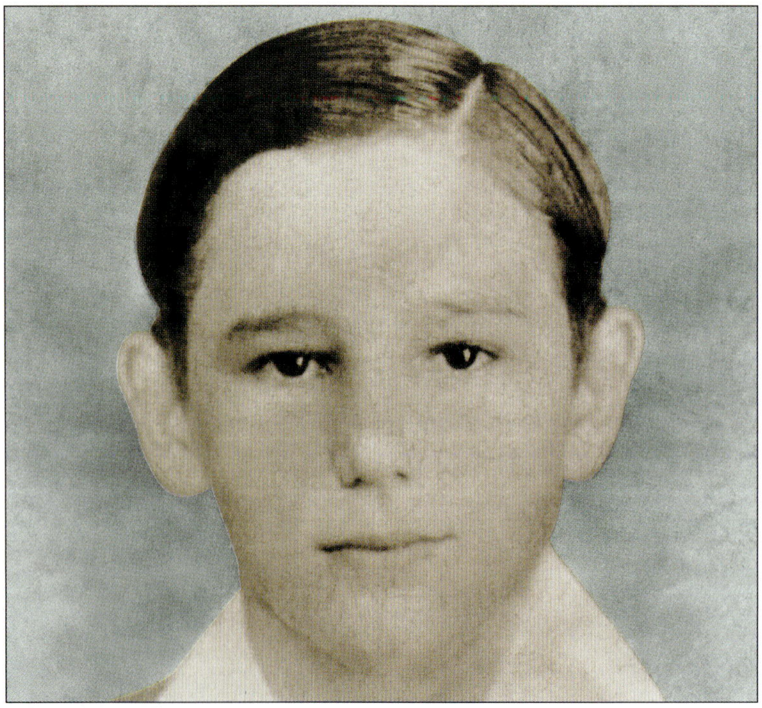

A 10 ans, une opération de l'appendicite le retient trois mois à l'hôpital.

Santiago, 1935
A la rentrée de sa cinquième année scolaire, Fidel, neuf ans, le front haut, intègre Dolores. Sa réputation est fameuse, son évocation suscite tour à tour l'envie, le respect, parfois la jalousie. Les jésuites qui dirigent l'établissement font valoir qu'ils ne peuvent enseigner qu'aux élèves motivés car ils placent la barre très haut. Fidel n'est pas impressionné, soulagé plutôt. Durant l'été, à la *finca* (propriété) familiale de Birán, son père Angel, galicien renfrogné, avait décidé de retirer ses fils de La Salle, tenue par les maristes, où le complet-cravate était exigé. Il verdit à la lecture du rapport du directeur : « enfants bagarreurs et copieurs ». Aussi l'aîné, Ramón, travaillera à ses côtés ; pour Raúl, le benjamin, ce sera le prytanée. Fidel, lui, était bien décidé à retourner à Santiago. Il a harcelé sa mère de plaidoyers et l'a inondée de serments. Il a gagné et a découvert les vertus du verbe.

La guerre d'Espagne inspire ses jeux

Alta Gracia, 1937
Depuis qu'il va à l'école, Ernesto a fui la surprotection que sa petite mine et les épaules rentrées de ceux qui partagent son mal inspiraient à Celia. Il vit sa vie, à pleines dents. Ses jeux favoris imitent la violence des grands. Ses parents ont créé un comité de soutien pour venir en aide aux républicains espagnols exilés. Ils entourent en particulier une famille nombreuse, venue de Murcie, celle de Juan González Aguilar, médecin-chef de la marine et ami intime du président Manuel Azaña y Díaz. Ernesto se lie avec ses enfants, plus âgés que lui. Il commande l'armée « républicaine », creuse avec Celica et Juan Miguez des tranchées d'où ils envoient sur les « franquistes » des projectiles de toutes sortes. Il ne doute pas que son camp est celui des « bons ». Peut-il en être autrement ? Le soir, il écoute les récits des exilés. Il rencontre, avec ses parents, le compositeur Manuel de Falla, qui ne se console pas de l'exécution, aux premiers jours de la guerre, du poète Federico García Lorca, fusillé à Grenade par la garde franquiste. Il lit le *Critica*, le seul journal anti-franquiste du pays, qui publie les « papiers » de son envoyé spécial, Cayetano Córdova Iturburu, poète communiste, marié à Carmen de la Serna, communiste aussi, et cadette autant que complice de Celia.

Passionné de sport et de lecture

Alta Gracia, 1937
Quand il ne se bagarre pas à coups de pierres ou de boulons contre les fils de riches, Ernesto exprime dans le sport son goût de l'effort et de la victoire. Il est gardien de but au football ; au ping-pong, il défie, aux tournois du Sierras Hotel, Rodolfo Ruarte, le champion local, qui le bat sans coup férir. Ernesto s'énerve : il disparaît alors pendant deux mois. Quand enfin il se signale, c'est pour se mesurer une fois encore à Ruarte. Il le bat à plate couture. Faiblesse de Rodolfo ? Tous les jours pendant ces deux mois, Ernesto s'est entraîné à la maison sur une table improvisée. Cependant, quand l'asthme le tient alité, il se jette sur tout ce qui est imprimé. De Jules Verne à Pablo Neruda et tous les récits de voyages.

Les fausses notes et les soupirs du tango

Buenos Aires, 25 novembre 1937
L'Assemblée proclame président de la République Roberto Ortiz. Les observateurs s'accordent à dire que l'élection du 5 septembre a bien été truquée. La formule Roberto Ortiz et Ramón Castillo, les champions de la *Concordancia* des conservateurs, a gagné avec 1 100 000 voix, battant le radical Marcelo Alvear associé à Enrique Mosca. La bourgeoisie se protège des *descamisados*, les sans-chemise, un terme péjoratif pour désigner les victimes de la crise qui s'entassent dans les *conventillos*, les maisons communes de la capitale. Au besoin, comme en janvier 1936, elle envoie l'armée pour réprimer les grèves. Les tangos, haïs des riches, évoquent la *cambalache*, la chienlit d'une société cynique.

Des parents généreux et pas très riches

Quelques jours de vacances en famille sur la plage de Mar del Plata.

A Alta Gracia sous la neige, Ernesto est invité chez les cousins Córdoba.

La décennie qui s'achève depuis la naissance d'Ernesto se signale par une série de changements dans la vie du couple Guevara. L'asthme de l'enfant leur commande de faire une transhumance folklorique et parfois éprouvante. De même, la crise économique subie dans un pays instable ne les épargne pas ; leur fortune s'effiloche sûrement. Ils ignorent tout de la gestion, n'y pensent même pas. Chaque année qui passe doit voir le renouveau. Ils s'offrent tout dès que possible, legs d'une éducation dorée. Pourtant, ils ont en horreur les codes de leur classe, et n'ont aucune peine à faire coïncider dans leur vie aussi bien la générosité de leurs idées que leurs actes.

De 9 à 16 ans

Buenos Aires, 3 février 1938
La Prensa réclame un salaire minimum pour tous les travailleurs.

Buenos Aires, 11 sept. 1938
Le lieutenant-colonel Juan Perón enterre sa femme, Potota, au cimetière de l'Ouest. Elle a été emportée par un cancer de l'utérus.

Cuba, 1938
Les communistes créent le PUR (Parti d'union populaire), qui leur sert de couverture légale. Ce parti suit les directives du Komintern, favorable à l'union avec les réformistes dans le cadre de fronts populaires.

Bolivie, août 1939
Le lieutenant-colonel German Busch disparaît. Attentat ou suicide ?

Buenos Aires, 4 septembre 1939
L'Argentine se déclare neutre dans le conflit mondial.

La Havane, octobre 1941
Fidel Castro passe avec succès l'examen d'entrée au lycée Belen dirigé par les jésuites et qu'il a lui-même choisi. Bien qu'il ne soit pas le plus huppé, il est le passage obligé pour entrer à l'université et faire « carrière ». La scolarité coûte 50 pesos par mois, un instituteur en gagne 75.

Buenos Aires, 16 déc. 1941
L'état d'urgence est déclaré en Argentine.

Buenos Aires, 1941
Les syndicats se sont multipliés durant toute l'année.

Buenos Aires, 18 mars 1942
Le colonel Juan Perón est nommé à l'Inspection des troupes de montagne à l'état-major.

Sa mère lui donne sa passion du français

Cousins, cousines et amis sont réunis pour l'anniversaire d'Ana Maria.

Alta Gracia, 1938
A quelque chose malheur est bon, dit-on. Il semble bien qu'Ernesto ait fait sien ce dicton digne de son *Martín Fierro* qu'il adore. Ainsi, l'asthme lui permet de s'abîmer dans les lectures mais aussi d'élargir sa culture au-delà de ce qu'un enfant de son âge peut espérer. Sa mère a été éduquée au Sacré-Cœur, tenu par les religieuses de Buenos Aires, « l'école française ». Elle est allée à Paris en avion et transmet à son fils sa passion pour la culture française. A tel point qu'Ernesto lit dans le texte *les Trois Mousquetaires*, mais également Baudelaire qu'il récite par cœur.

Les élections poussent Batista au pouvoir

La Havane, 10 octobre 1940
Après avoir remporté les élections du 14 juin dernier, Fulgencio Batista inaugure son mandat présidentiel. Son heure est enfin venue. Il a su patienter, laissant à l'auteur du coup d'Etat de 1936, Laredo Brú, le choix de se démener face aux vagues des contestations populaires. Il n'a pas été difficile pour l'ancien sergent de se présenter comme le garant de l'ordre constitutionnel : permettre à l'Assemblée de recouvrer tous ses droits. Il a été élu sous la loi de Brú.

A Cuba, le travail volontaire fait aussi partie du régime du colonel Batista.

La guerre profite à l'Amérique latine

Buenos Aires, 1940
L'Argentine a choisi la neutralité dans le conflit mondial, ce qui est apprécié par la Grande-Bretagne. Elle peut s'enrichir des déboires des belligérants auxquels elle vend la viande, le cuir et les céréales dont ils ont besoin. Le Guatemala, de son côté, voit ses ventes de café monter en flèche, tout comme Cuba celles du sucre. Cependant, il est demandé aux pays de la région de s'aligner derrière les Etats-Unis. Le début de bien-être qui apparaît au Guatemala ne suffit pas à dissiper les regrets de la bourgeoisie, qui voudrait vendre au Reich le café que produisent chez elle les planteurs allemands.

Un parti pour la génération du Chaco

La Paz, 25 janvier 1941
Victor Paz Estensorro, né en 1913, avocat et député, et Hernan Siles Zuazo, économiste, né en 1913 aussi et fils d'un ancien président de la République, fondent le Mouvement nationaliste révolutionnaire – le MNR. Ils sont les représentants les plus expérimentés de la « génération du Chaco ». Nationaliste, le MNR incarne la volonté de moderniser et de rénover la vie politique et de transformer l'économie ainsi que les structures sociales. Sa faiblesse, le flou des moyens pour y parvenir.

Frustré et vexé par son premier travail

Alta Gracia, été 1941
A la fin de l'année scolaire, au cœur de l'été austral, Ernesto convainc ses parents de le laisser aller vendanger, un mois durant, dans les vignobles sur les collines alentour. Il emmène son frère Roberto. Mais, au bout de quatre jours de travail, une crise d'asthme l'étreint. Il s'accroche. Le lendemain il doit déclarer forfait. Les frères repartent donc et l'aîné est furieux du traitement du señor Fulan : « Ce gaucho de merde ne nous a payé que la moitié de notre dû au motif qu'on n'a pas rempli le contrat ! » En colère, il réclame à son père une expédition punitive...

Fidel ne recule devant rien pour s'affirmer

Fidel et Ramón entourent Raúl.

Santiago de Cuba, 1941
Il s'est bien rattrapé Fidel, le voilà en sixième année à Dolores, où ses frères l'ont rejoint car leur père a changé d'avis. Il veut exceller en tout. Il est servi par une mémoire hors norme, ce qui lui permet de préparer ses examens en dernière extrémité. Ses condisciples, même plus âgés, préfèrent l'avoir comme ami. Le sport a sa faveur, ainsi que les bagarres. Il affronte les plus grands, prend une raclée et retourne à la charge le lendemain. Les défis, il les adore : la classe se voit interdite de baignade. Alors Fidel a une idée : « Mon père, si je plonge du tremplin de dix mètres, nous laisserez-vous aller à la plage ? » Le prêtre, peu psychologue, l'avait mal évalué.

Au lycée, Ernesto rencontre les Granado

Traditionnelle photo de classe au lycée Dean Funes. Ernesto est assis en bas.

Córdoba, 1943
Dean Funes, le lycée d'Etat où il poursuit sa scolarité, est catalogué comme « laïque et républicain » par la bonne société qui, pour s'effrayer, rajoute que c'est « une pépinière de révolutionnaires ». C'est exactement ce qui convient à Ernesto. Il étonne ses professeurs par son intelligence. Il n'hésite jamais à leur porter la contradiction mais sans manquer de respect. Cependant, il prépare son *bachillerato*, le baccalauréat, sans forcer son talent. Il se trouve en plus quantité d'activités qui le retiennent : sports, jeu d'échecs, randonnées, dessin appris par correspondance, graphologie, à laquelle il s'initie en recopiant la même phrase depuis des années. Il passe beaucoup de temps avec ses copains dont Tomás Granado qui lui présente son frère Alberto, de six ans son aîné, mais tellement « court sur pattes » qu'il n'y paraît rien. Le cœur d'Alberto, vrai fils du peuple, bat à gauche. Il organise des réunions d'étudiants pour porter doléances et pétitions aux autorités ; pour faire grève et manifester dehors également. Lors d'une manifestation, il se fait arrêter et jeter au cachot du commissariat. Tomás et Ernesto lui portent alors à manger car la police ne nourrit pas les prévenus. Petiso (Petit en terme affectif, eu égard à sa taille) trouve le temps long. Il suggère à ses deux amis d'organiser une manifestation pour éveiller les consciences : « Pas sans flingue ! » lui rétorque Ernesto.

Juan Martín est son dernier petit frère

Córdoba, 18 mai 1943
Un cinquième Guevara est né, Juan Martín, au 288, rue Chile, tout près du parc zoologique entouré de clubs sportifs. La maison est dotée d'une verrière et d'un patio. Il n'y a pas de jardin mais la famille prépare l'*asado*, les grillades indispensables à ce peuple carnassier, dans les parcs tout proches. Ils ont emménagé dans la grand-ville pour faciliter la vie d'Ernesto et de Celia, inscrits au secondaire. La porte est ouverte à tous comme à l'habitude ; c'est *la casa del pueblo*, la maison du peuple.

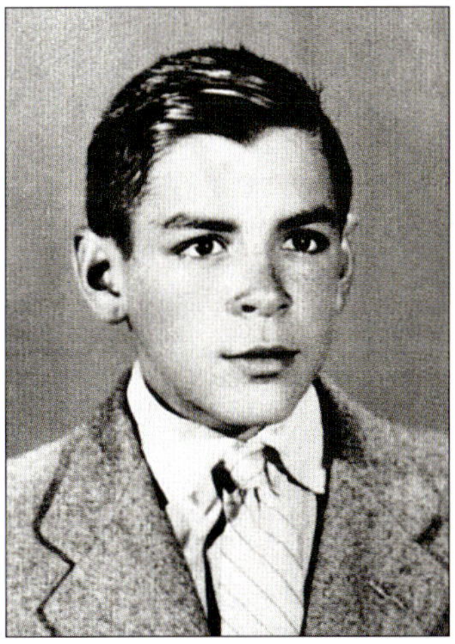

L'ardente expression d'Ernesto, à 16 ans, montre sa détermination.

Sa petite chienne « Negrina » (ici en 1939). Ernesto la pleurera en 1943.

La Havane, 1940 : à 8 ans, Camilo Cienfuegos joue avec un fusil de bois.

1945

De 16 à 17 ans

Buenos Aires, 27 mars
L'Argentine déclare la guerre à l'Allemagne.

Washington DC, 12 avril
Le président Franklin Delano Roosevelt (*30.1.1882) meurt à la suite d'une hémorragie cérébrale.

Dongo (Italie), 28 avril
Benito Mussolini est exécuté.

Berlin, 30 avril
Adolf Hitler se suicide dans son bunker. Ce même jour, le drapeau rouge soviétique est hissé sur le Reichstag.

Reims, 7 mai
Avec la signature par le général Alfred Jodl de l'acte de capitulation de l'Allemagne, le IIIe Reich n'existe plus.

San Francisco, 26 juin
Cinquante pays signent la charte des Nations unies, dont le siège est fixé à New York.

Japon, 9 août
La deuxième bombe atomique a laminé la ville de Nagasaki, en cendres tout comme Hiroshima anéantie le 6.

Washington DC, 1er septembre
Les Etats-Unis accusent l'Argentine de promouvoir un régime fasciste.

Tokyo, 2 septembre
A bord du cuirassé *Missouri*, ancré dans la rade de Tokyo, les délégués japonais et alliés signent l'acte de capitulation du Japon.

Yougoslavie, 11 novembre
Les élections sont un triomphe pour le Front populaire de Tito. Les candidats de l'opposition en avaient été exclus.

La Plata, Argentine, 10 déc.
Juan Perón épouse Eva Duarte à l'église San Francisco.

Les travailleurs argentins poussent Juan Perón au pouvoir

Plus d'un million de personnes sont rassemblées sur la Plaza de Mayo pour réclamer la libération du colonel Perón.

Buenos Aires, 17 octobre
Juan Perón exulte sur le balcon de la Casa Rosada. En bas, sur la Plaza de Mayo, un million d'Argentins du petit peuple l'acclament. L'hymne national retentit, solennel, et porte aux gauchos de la Patagonie, aux *mensues*, serfs déshérités des régions tropicales, aux *peones* de toutes les campagnes, aux *descamisados* des faubourgs surpeuplés, aux ouvriers enfin, l'espoir qu'ils seront entendus et libérés du mépris des possédants. Folle semaine depuis le coup d'Etat du général Eduardo Avalos il y a une semaine. Le 9, le félon forçait le colonel Perón à démissionner de toutes ses fonctions : vice-président de la Nation, ministre de la Guerre et chef du secrétariat au Travail et à la Prévision. Le 10 au soir, personne n'a pu l'empêcher de s'adresser au peuple. Et stupéfaction, Perón, sur le point de partir en exil, lui disait au revoir. Les officiers et les féodaux, tous ignoraient l'essentiel : nul ne peut se jouer de la dignité.

1945 : à la fin de son mandat, le président Batista a opté pour une retraite dorée à Miami. Ici, au restaurant en compagnie de sa seconde femme.

Perón est l'homme des syndicats.

Fidel Castro représente les étudiants

La Havane, octobre
A peine entré à la faculté de droit, Fidel Castro se bat pour se faire élire au sein de la FEU (Fédération des étudiants d'université), qui est aussi l'emblème de cette remuante jeunesse cubaine. Il s'agite donc à *l'Escalina*, l'université de la capitale, ainsi désignée en raison des degrés de pierre qui lui donnent accès, au cœur de Vedado. Il vise très haut : l'exécutif du syndicat. Verdict des urnes : un lot de consolation, car les juristes sont méfiants à l'égard des chevau-légers. Il devient délégué de l'un des cours de la première année. Que n'a-t-il harangué les potaches, discouru jusqu'à plus soif afin de convaincre de ses capacités et de son énergie ! Il y a trois mois, lors de la cérémonie de fin d'année à Belen, le père Francisco Barbeito écrivait sur le livre de promotion : « Fidel mérite la mention *excelencia*, il a su gagner l'admiration de tous et a défendu les couleurs du *colegio* dans le sport avec courage et fierté. »

C'est son premier discours électoral, face aux étudiants de la faculté de droit.

Ernesto fait le bilan de son savoir

Córdoba, 1945
Le bac approche, insuffisant mais nécessaire comme partout. Ernesto ne se plie pas au « bachotage », ce n'est pas son genre. Il a accumulé tant de lectures (le docteur Aguilar l'a vu lire Freud à quatorze ans) qu'il ressent le besoin de synthétiser sa pensée. Sur de simples cahiers d'écolier, il entreprend la rédaction d'un dictionnaire de philosophie. A Noël, il ne l'a pas achevé mais il compte poursuivre dans les mois à venir. Les deux premiers cahiers contiennent la somme des concepts épistémologiques à travers diverses époques. Le troisième renferme des observations critiques sur la vie de Karl Marx et sur l'origine de son œuvre philosophique. A l'appui, la synthèse des penseurs classiques et celle des définitions à l'origine du socialisme et des diverses catégories essentielles du marxisme-léninisme. Il entame, dans le cinquième, une histoire de la philosophie.

Le jeune Guevara veut devenir ingénieur

Córdoba, 1945
Sans avoir encore achevé son bac, Ernesto décide de travailler pour gagner quelques pesos. Les relations de son père lui sont fort utiles et profitent à Tomás. Les voilà engagés aux Ponts et Chaussées. Ernesto doit vérifier le bon respect du cahier des charges en analysant tous les composants des matériaux servant à la construction de la route. Il jubile car il est incorruptible.

Les Guevara se méfient du populiste Perón

Córdoba, 1945
Le populiste Perón laisse les époux Guevara circonspects, surtout Celia, active militante. A la maison, une photo de De Gaulle témoigne de son soutien en faveur d'un comité pour la Résistance française. Entendre Perón déclarer « Des espadrilles, oui ! Des livres, non ! » la choque. Arrêtée pour avoir crié « A bas Perón ! », elle entend le commissaire prétendre lui avoir sauvé la vie.

Au moment où il termine le lycée à Córdoba, le métier de son père l'intéresse.

La Havane, 1945 : Camilo Cienfuegos, entre ses parents et ses frères.

1946 → 1948

De 17 à 20 ans

Argentine, 8 avril 1946
Election de Juan Perón à la présidence.

Cuba, 15 mai 1947
Eduardo Chibás rompt avec le Parti authentique et fonde le Parti du peuple cubain, aussitôt appelé « orthodoxe ». Castro assiste à sa fondation.

Cuba, 28 octobre 1947
L'expédition d'un groupe cubain pour libérer Saint-Domingue capote, parce qu'éventée. Fidel en était. Il nage 12 km pour éviter la honte d'une arrestation.

Cuba, 28 novembre 1947
Le journal *El Mundo* publie la photo de Castro, qui s'est signalé lors d'une harangue prononcée à l'université, particulièrement dure et fleurie. Il ne mentionne pas son étiquette politique, mais il est vrai qu'il n'en a pas.

Argentine, 12 février 1948
Nationalisation des chemins de fer.

Argentine, mars 1948
Le couple Guevara se sépare, mais tous viennent s'installer à Buenos Aires.

Cuba, 10 octobre 1948
Carlos Prío, ministre du Travail, succède à Grau San Martín à la présidence.

Guatemala, 1948
La réforme agraire a instauré un organisme de régulation des importations et exportations, le but étant de limiter les premières et d'accroître les secondes.

Pérou, 1948
Féroce répression contre l'Apra, un mouvement réformateur guidé par l'idée de justice sociale.

A Buenos Aires pour devenir ingénieur

Córdoba, 1946
Son éclectisme en étonne plus d'un, mais Ernesto Guevara doit choisir sa voix. La rentrée universitaire s'approche et il se décide pour des études d'ingénieur. Son dévolu le rapproche de son père, inscrit dans ses jeunes années en architecture et qui a interrompu son cursus pour enlever Celia. L'été dernier, Ernesto s'est frotté aux joies de la recherche sur les paillasses laborantines. Mais Domingo Ricatusso, fils d'immigrés italiens, ne peut hélas profiter de l'aisance d'Ernesto pour le calcul théorique. Il l'a vu développer, au tableau, la thèse d'un théorème sur l'énoncé de l'hypothèse donnée par un ingénieur-géomètre.

Cet épouvantail sait piéger les cœurs

Córdoba, 1946
Adolescent, Ernesto se manifeste anticonformiste en tout. Sa mise provoque dégoût ou hilarité. Il flotte dans son manteau informe duquel dépasse un thermos. Qu'importe, les amours, il en connaît. Les bonnes chez lui d'abord, et, au dehors, son regard lui vaut une belle collection.

Asthmatique, il court 80 minutes au rugby

Avec les frères Granado, il découvre le rugby, sport de combat et de courage.

Córdoba, 1946
Quelle ne fut pas la surprise du bon Alberto d'entendre que le gringalet asthmatique voulait jouer au rugby. Un jeu qui fait appel à deux sortes d'hommes : ceux qui jouent du piano et ceux qui les déménagent. Que peut Ernesto dans cette galère ? Les artistes ont intérêt à courir. Mais *Mial* (contraction de *mi Alberto*) est pourvu de jugeote. Il lui a fait passer un test qui consiste à plonger par-dessus une barre et à se recevoir en roulé-boulé sur du ciment. Il a dû l'arrêter. Depuis, *Fuser* (*Furibondo Serna*) est ailier au club Estudiantes de Córdoba. Celia frémit. Il vend la mèche : il ne lave jamais son maillot.

Le président de Bolivie est pendu ; le Guatemala vote librement

Bolivie, 21 juillet 1946
La Paz se donne un nouveau genre de monument historique : un gros réverbère de la grand-place auquel les émeutiers ont pendu le président, le commandant Gualberto Villaroel. Arrivé au pouvoir à la faveur d'un coup des jeunes officiers révoltés du Chaco, Villaroel s'est mis à la tâche aussitôt. Les réformes radicales ont bouleversé la vie des Indiens, tenus pour esclaves dans les *haciendas*. Il les libère et leur permet de tenir leur premier congrès national. Finaude, l'oligarchie écoute les murmures de Washington et crie au loup, plutôt au nazi. Avec des réflexes militaires, il se crispe. Trop. Guatémaltèques et avisés, Francisco Arana et Jacobo Arbenz font leur coup le 20 octobre 1944. Ils l'assurent en armant le peuple et déblaient le terrain des réformes pour Juan José Arévalo, élu puis investi le 15 mars 1946.

Le balcon du palais présidentiel duquel Villaroel a été jeté, avant d'être pendu.

La mort de sa grand-mère le mène à la médecine

Buenos Aires, mars 1947
La maternelle *abuela* (grand-mère) Ana Isabel Lynch s'est éteinte après dix-sept jours d'agonie. Elle a été victime d'une congestion cérébrale. Ernesto est resté à son chevet sans faiblir, revoyant en songe les câlins de l'enfance reçus d'elle seule et de Beatriz sa fille. Il l'entendait conter sa vie, des siens et alliés, connus jusqu'au Moyen Age. Elle eut tant d'images avant de mettre au monde douze enfants, celles de la Californie où son père Francisco Lynch avait fait fortune après mille aventures. Celui-ci, chassé d'Argentine par le tyran du moment, Rosas, gagna les Etats-Unis, trouva de l'or et rentra au pays avec femme et enfants dont Ana, qui a hérité de son caractère déterminé, affichant sans complexe sa fâcherie avec le dieu du ciel. Elle s'est mariée avec Roberto Guevara, un géographe, avec qui elle vécut heureuse. Au bout de son souffle, de celui de tous les souvenirs, Ernesto se décide : il va étudier la médecine.

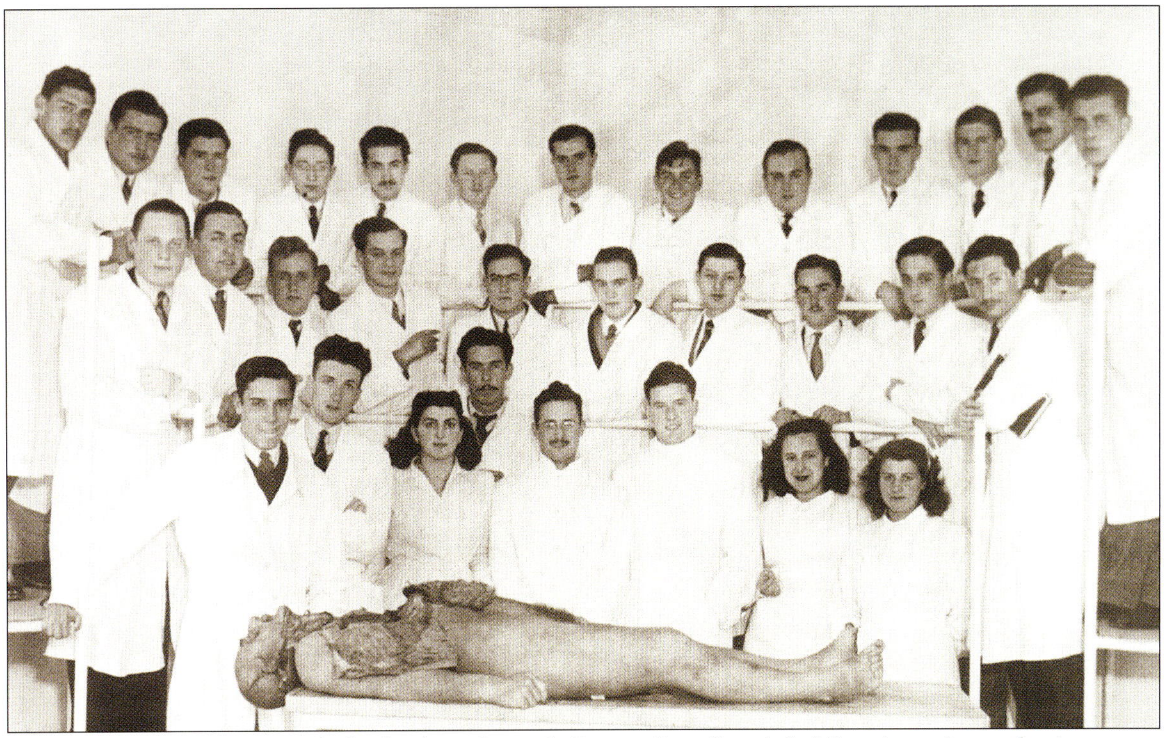

La classe d'Ernesto Guevara à la faculté de médecine de Buenos Aires. Il est le huitième à gauche, au dernier rang.

Représentant des carabins aux échecs

Buenos Aires, 1948
La faculté de médecine se félicite de sa nouvelle recrue. Ernesto défend ses couleurs à un tournoi d'échecs inter-universitaire. Il est bien plus qu'amateur, tellement mordu qu'il a joué face au maître argentin Miguel Najdorf, au cours d'une exhibition.

Un jeune étudiant de 20 ans.

L'époustouflante année de Fidel Castro qui s'abonne à la « une »

Cuba, 1948
Fidel songe-t-il à José Martí durant sa lune de miel aux Etats-Unis ? Tout comme « l'apôtre », marié jeune, le voilà qui déambule désormais dans les « entrailles du monstre », fauteur de la « fatalité historique » dont son île souffre, ce malheur de subir la volonté de l'Empire. Elle est belle Mirta Díaz-Balart, flottant sur un petit nuage depuis le 10 octobre quand elle a dit « oui » à Fidel. Elle est née riche en Oriente et étudie la philosophie. Ils sont amoureux. Elle est plutôt fière de la renommée de son mari. Il a fait la « une » de la presse, maintenant il est (re)connu. L'année avait commencé fort. Dès le 12 février, au lendemain d'une manifestation qu'il a organisée pour protester contre l'assassinat d'un étudiant, où il est blessé, sa photo étalée dans la presse le guérit. Le 22, il est accusé d'avoir assassiné son homonyme, Castro Manolo. Il passe le test de la paraffine et prend la presse à témoin. Le 19 mars, il est retenu à l'aéroport où il manque l'avion en partance pour Bogota. Il proteste et part le lendemain. En Colombie, il assiste à un congrès des étudiants *latinos*, contre les méfaits de l'impérialisme. Perón en a eu l'idée et le finance. Il s'est adressé aux Cubains très expérimentés de la FEU pour l'organiser. Au cours du séjour, le héros libéral local, Jorge Gaitan, est assassiné. Emeutes, c'est le *bogotazo*. Fidel harangue la police hésitante, salit sa chemise, s'équipe en souliers pour courir puis rentre, précédé d'un prestige naissant.

Fidel Castro tient tête à la police cubaine, après la mort d'un étudiant.

1949 → 1950

De 20 à 22 ans

Cuba, 12 mars 1949
Castro et des étudiants montent une garde d'honneur autour de la statue de José Martí profanée la veille par des marins américains. La police réprime la manifestation dans le sang ; les marins ne sont pas inquiétés.

Argentine, 12 juin 1949
Ouverture de la première polyclinique ouvrière.

Cuba, 1er septembre 1949
Naissance de Fidel Castro Díaz-Balart, appelé Fidelito.

Cuba, novembre 1949
Prío fait appel à la mafia pour faire régner l'ordre.

Bolivie, mai 1950
Les ouvriers se soulèvent. Les émeutes, réprimées par l'artillerie et l'aviation, permettent au MNR et à la COB des mineurs de gagner en influence.

Argentine, 1er juin 1950
Perón crée une commission nationale pour l'énergie atomique.

Argentine, 9 juin 1950
Les ouvriers offrent leurs primes à la fondation d'Evita Perón.

Argentine, 10 juin 1950
Le régime péroniste a construit 5 000 écoles en quatre ans.

Argentine, 2 octobre 1950
En raison de la pénurie d'énergie, Perón interdit les cuisinières électriques.

Cuba, octobre 1950
Fidel Castro ouvre un cabinet d'avocats avec deux associés au 57, rue Tejadillo, dans le vieux port. En septembre, il a empoché trois doctorats : droit, droit international et sciences sociales. En août, il a signé l'Appel de Stockholm.

Ernesto est un carabin dispersé, mais qui réussit ses examens

Sur la terrasse de son appartement, situé au 2180, rue Araoz, avec Luis Rodríguez Algarañaz, fiancé de sa sœur Celia.

Buenos Aires, 1949
Les employés de la bibliothèque universitaire se sont vite familiarisés avec la silhouette du jeune homme qui, le matin, attend l'ouverture des locaux. Ernesto y passe de dix à douze heures, chaque fois que ses horaires le lui permettent. Il ne lève pas souvent la tête ni ne bavarde avec ses voisins. Les résultats ne semblent pourtant pas à la hauteur des efforts apparents. Il n'a obtenu que la mention « passable » pour les trois certificats présentés en mars, juillet et novembre : en anatomie, en physiologie physique et chimique, et en microbiologie. Son amie « Tita », Berta Gilda Infante, le voit plongé dans des ouvrages de sociologie ou des thèses sur des sujets médicaux hors programme qui l'intéressent.

Des olympiades, au saut à la perche...

Tucumán, 1949
Le pouvoir péroniste, très soucieux d'hygiène pour la jeunesse, décide d'organiser, dans cette ville située au nord-ouest, des olympiades au profil atypique ouvertes aux universitaires en athlétisme et aux échecs. L'enjeu n'est pas élevé. Ernesto, plus que jamais sportif, s'inscrit. Mais il se cherche une discipline moins prisée que les autres : ce sera le saut à la perche. La barre est fixée à 2,80 m. Le champion se présente... mais les officiels lui signalent qu'il a besoin d'une perche. Le concurrent répond que l'université devrait bien lui en fournir une. Ce qui fut fait mais sans mode d'emploi. Ernesto n'a jamais décollé...

Son oncle Jorge de la Serna lui enseigne l'art et le plaisir du vol à voile.

Une première expédition sur une drôle de bécane

Ernesto a réussi à monter un petit moteur sur une bicyclette traditionnelle.

Retrouvailles avec les frères Alberto et Gregorio Granado, à Córdoba.

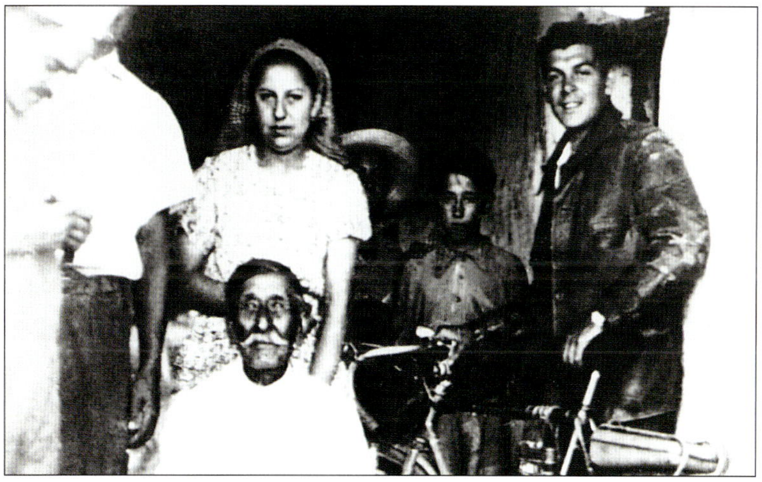

Arrivée à la léproserie de San Francisco del Chañar, au nord de Córdoba.

Argentine, 28 février 1950
Le petit Juan Martín n'en croit pas ses yeux. Sur une pleine page de la revue sportive *El Gráfico* s'étale la photo de son frère Ernesto. « C'est une vedette ! » s'exclame-t-il. Celui-ci, grosses lunettes noires, casquette pliée sur le devant, pointue comme le toit d'un chalet suisse, et longue cape tombant aux chevilles, a réalisé un exploit. Il vient de parcourir plus de 4 500 km à vélo auquel il a adapté un moteur Cucchiolo. A son retour, il doit produire force preuves de son périple à l'ingénieur-inventeur du moteur, incrédule. Sûrs de l'intérêt que représente ce test, ils concluent un accord : une photo de réclame en échange d'une révision gratuite... Parti le 1er janvier, il a traversé onze provinces. Filant un 25 à l'heure, vent en poupe, il s'accrochait aux véhicules complaisants, à condition de ne pas dépasser le 40, car au-delà c'était la chute. Se sont succédé la forêt amazonienne du Tucumán et les vignobles de Mendoza, puis les salines de San Juan, et à Salta, la pré-cordillère. Son pays l'enchante. Il le rapporte dans son journal dont le style, parfois ampoulé, souligne l'émotion et l'exubérance de ses jeunes années. Cependant, c'est le peuple, divers, coloré et miséreux, qui affûte son regard. Infirmier à Jujuy, il a épouillé les petits *negritos*, ces métis d'Indiens, avec la même affection qu'il a soigné, répondant à l'invitation d'Alberto Granado, les lépreux à San Francisco del Chañar.

Son premier amour s'appelle « Chichina »

Córdoba, octobre 1950
Ernesto regagne « sa petite patrie », Córdoba, dès qu'il peut. Au mariage de Carmen González Aguilar, fille du réfugié espagnol Juan, auquel il était convié avec sa famille, il s'est trouvé une excellente raison qui a pour nom Carmen « Chichina » Ferreyra. Brune, belle, vive, elle a seize ans. Ernesto, mal attifé et plus provocateur qu'à l'accoutumée, se sent très à l'aise dans son milieu huppé. Le père, Horacio, a bâti sa fortune dans les carrières de pierre à chaux. Chichina, séduite par ce futur médecin d'une noble lignée, rayonne et fait apprécier aux siens son élégante culture. Mais ceux-ci, à l'annonce subite de leurs fiançailles, ont quelque peu vacillé.

Des expériences médicales à son domicile

Buenos Aires, 1950
L'étudiant Guevara ne force pas son talent... seulement trois certificats cette année. Il s'emploie à mettre quelque bonne humeur à ses travaux pratiques. Il obtient ainsi une jambe dans le but d'étudier la dissection à domicile. Par souci de discrétion, il l'emballe dans du papier journal. Dans le métro, il éclate de rire. La mine effarée des voyageurs ne lui laisse aucun doute sur l'incongruité de son paquet dont l'extrémité laisse passer deux doigts de pied. Il juge préférable de se faire la main sur des cadavres de chiens et de lapins, à la fureur des voisins qui craignent une contagion. Ils ont déjà dû subir la puanteur de l'insecticide artisanal mis au point chez l'étudiant.

1951 → 1952

De 22 à 24 ans

Cuba, 5 août 1951
Le sénateur Chibás se tire une balle dans le ventre en direct d'une émission de radio.

Argentine, 31 août 1951
Evita renonce à sa candidature.

Argentine, 18 septembre 1951
Evita fait acheter des armes pour défendre les ouvriers.

Cuba, septembre 1951
Peu après la mort de Chibás, Batista reçoit chez lui Fidel Castro pour obtenir son soutien car il vient de créer son parti. Il a besoin de lui pour rassembler les votes populaires. Castro rejette tout appui.

Cuba, novembre 1951
Castro s'active dans la campagne électorale de juin prochain. Il assigne Prío en justice pour corruption.

Valdivia (Chili), janvier 1952
La presse locale publie un article sur « les experts argentins en léprologie, qui parcourent l'Amérique latine à motocyclette ».

Argentine, 10 mars 1952
La scolarité devient gratuite.

Tarata (Pérou), 10 mars 1952
Les routards argentins sont témoins du viol culturel subi par les Indiens : le pouvoir catholique impose la croix sur leurs édifices religieux. Sur les routes, ils voyagent en camion et sont forcés de grimper dans la cabine car les Blancs ne peuvent côtoyer les Indiens.

San Cristóbal, 14 juillet 1952
Guevara et Granado sont au Venezuela. Ils fêtent la prise de la Bastille avec d'autant plus de joie qu'ils ont quitté la dictature militaire de la Colombie. Ernesto se remet de deux crises consécutives d'asthme.

Infirmier sur des navires marchands

Buenos Aires, printemps-été 1951
Pour se financer, l'étudiant Guevara répugne à tendre la main à son père. Il a occupé mille petits boulots déjà. Cette année, il est infirmier dans la marine marchande. Il embarque sur le *Florentino Ameghino* pour le port pétrolier de Comodoro Rivadavia, dans le sud glacial argentin. A bord du *Anna G.*, ce sont ensuite les mers chaudes : le Brésil où il accoste dans le port de Santos, puis le Venezuela, Curaçao, Trinidad et Tobago enfin. Entre deux typhons, il soigne le souvenir de « sirènes merveilleuses couleur café » à la pénicilline. Il n'a pas oublié ses livres et étudie aussi.

Remous politiques au Guatemala

Guatemala, 15 mars 1951
Le colonel Arbenz prête serment lors de la cérémonie d'investiture à la présidence de la République. Il est le successeur naturel d'Arévalo. Son élection largement assurée devant le général Miguel Ydigoras Fuentes du parti de droite Rédemption n'allait pas de soi. En effet, le 18 juillet 1949, le colonel Francisco Arana, aux ambitions déclarées, a été tué sur la route d'Amatitlán. La voiture des assassins appartenait à la femme d'Arbenz, Maria Cristina, une riche héritière mais de gauche. Aucune preuve n'a été retenue contre eux.

Trop à gauche pour épouser Chichina

Córdoba, 1951
Les Ferreyra font bon accueil au fiancé Ernesto, assurément épris car il n'a cessé d'écrire à Chichina de longues lettres de tous les ports. Elle-même n'a jamais omis de répondre. Mais, décidément, il les agace un peu ce libertaire qui veut passer sa lune de miel dans une roulotte sur les routes du continent. A présent, voici qu'il affirme, en plein dîner, que « Churchill est un politicien de pacotille ». Cruelle horreur, car le frère d'Horacio, engagé dans les forces de la France libre, est mort en mer sur un bateau anglais. Ernesto reste seul. L'asthme le rejoint vite.

Journaliste au magazine de rugby *Tackle*

A 23 ans, Ernesto fait du sport ; il est aussi intellectuel, aventurier et artiste.

Buenos Aires, 1951
Ernesto entraîne une joyeuse mêlée de copains dans l'aventure sportive et rédactionnelle. Il fonde une revue à vocation rugbystique, *Tackle*, le plus souvent rédigée au bureau de l'infortuné papa. Il signe du pseudo « Chancho », petit cochon, parfois sinisé en Chang Chow. Un soir, la police les embarque au poste. Là, ils comprennent qu'on les a pris pour des comploteurs communistes.

Ernesto aime se lancer des défis. Il affronte des périls pour se forger un caractère d'acier. Ici, il traverse un ravin à la manière d'un funambule.

Deux hommes à moto pour un « Easy Rider latino »

D'un songe, ils sont passés à la réalité

Córdoba, 17 octobre 1951
Une belle matinée honore ce jour rendu férié par la grâce de Perón pour fêter son retour au pouvoir. Venu en coup de vent embrasser Chichina, Ernesto devise sous la treille devant la maison d'Alberto tout en l'aidant à réviser la vieille Norton 500 cc, fièrement baptisée *Poderosa* (*la Vigoureuse*). Un songe les entraîne alors sur les pistes : vers l'Asie ; partir et découvrir le vaste monde, leur continent bien sûr, cet inconnu. Ils se réveillent, se tapent la main. Juré. Le rêve cède à la réalité.

Empoisonné après une négligence

Buenos Aires, novembre 1951
Ernesto travaille à la clinique du docteur Pisani qui le tient en grande estime. Au laboratoire, il doit broyer des viscères contaminés prélevés sur des cadavres. Il utilise à cette fin un appareil suisse, mais, pour gagner du temps, il ne branche pas de filtre. Une fièvre de cheval le terrasse le surlendemain au matin. Il ne peut que demander de l'aide à son père. Pisani accourt, le malade frise l'arrêt cardiaque que l'asthme favorise. Le lendemain, il passe avec succès un sixième certificat depuis septembre. C'est le tribut au voyage.

Départ à deux sur la « Poderosa »

Buenos Aires, 2 janvier 1952
La *despedida*, cette « cérémonie des adieux » si typique de l'Amérique latine, est sobre. Celia recommande à l'aîné, Alberto, de renvoyer son jeune compagnon de route achever ses examens. Le père glisse dans une poche son revolver, discrètement. Le 29 décembre, devant la maison des Granado à Córdoba, le départ avait des allures épiques. La famille et des grappes de *chiquillos*, les poulbots locaux, n'avaient d'yeux que pour la moto à l'allure d'animal préhistorique, bâté et pétaradant.

Son meilleur ami, Alberto Granado, est de six ans l'aîné d'Ernesto. Il a déjà obtenu son diplôme de biologiste.

▷

Un cadeau d'adieu pour Chichina

Miramar, 13 janvier 1952
Deux silhouettes, juchées sur un drôle d'engin, disparaissent au loin, plus vite que l'amour entre Ernesto et Chichina voué à s'estomper dans la nostalgie. Adieux doux-amers des amants ; Ernesto n'en pouvait plus d'hésiter : je reste, elle me plaît de plus en plus ma douce moitié, tu viens, je reviendrai, ne pas oublier. Il lui a fallu huit jours pour s'arracher à l'étreinte amoureuse, le double de temps prévu à l'étape de la station balnéaire mondaine où la famille Ferreyra possède une villa d'été. De son côté, Alberto fulminait. Le bracelet en or « 29 carats » étincelait au poignet d'Ernesto. « L'amour ne s'évalue pas au poids de l'or », fit remarquer Petiso qui, pour bien se faire comprendre, lui recommandait de s'en séparer. Acheté au départ de Buenos Aires en guise de cadeau pour Chichina, le jeune chien, fidèle pour deux, semblait aimer jouer les Cupidons. Come Back est son nom.

La *Poderosa* est à bout de souffle

Santiago (Chili), 2 mars 1952
Petiso ne veut pas se retourner. Là-haut, dans un grenier ami, la brave *Poderosa* repose, enveloppée d'une bâche aux allures de linceul. Depuis le 17 février, la chaîne en morceaux, brisée ici, couturée de frais là, des cicatrices partout que les mains et les bouts de fil de fer de l'expert en mécanique esthétique Alberto ont dessinées, elle se faisait trimbaler sur le plateau de camions arrêtés avec un peu de monnaie. Ils poursuivent à pied mais seraient-ils partis sans elle ? Qu'importe. Avec le « camion-stop », ils ont approché une certaine humanité de gueux par qui la route existe et offre tout son intérêt, et à laquelle ils ressemblent déjà. A Chole-Choel, il a fallu qu'Alberto s'adresse ès qualités à l'infirmier pour que ce dernier apaise l'asthme d'Ernesto. Mais à Los Angeles, au Chili, c'est leur généreux courage qui leur a valu la reconnaissance. Ils n'ont pas attendu pour aider les pompiers dans leur lutte contre les flammes. Ernesto, preux chevalier, a sauté dans le brasier pour sauver un chat autrement condamné à l'enfer.

Ernesto a fait réaliser cette photo destinée à son passeport, en vue de son grand voyage initiatique avec l'ami Alberto.

Coup d'Etat militaire de Batista à Cuba

A La Havane, l'armée déploie ses blindés pour investir le palais présidentiel.

La Havane, 10 mars 1952
Batista a réussi son *golpe*. Peu avant, l'émissaire Eliott Roosevelt lui avait rendu visite au nom des Etats-Unis, inquiets des désordres provoqués par la politique de Prío. Le peuple, exaspéré par la corruption à laquelle s'est ajouté l'assassinat d'Aracelo Iglesias, syndicaliste, remettait ses espoirs dans l'opposition. Le parti *ortodoxo* en est le chef de file. Sans cesse, il dénonce la contre-partie de l'abandon de l'amendement Platt : la totale dépendance économique de Cuba. Prévues en juin, les élections sont annulées et reportées *sine die*.

L'exploitation capitaliste au Chili le choque

Les conditions de travail et d'hébergement des ouvriers sont inhumaines.

Chuquicamata, 16 mars 1952
Ernesto est sous le choc. Ces trois derniers jours, il a vécu avec Alberto une expérience à nulle autre pareille : la visite de la mine de cuivre dont rien n'est à l'échelle humaine semble-t-il. Taillée en gradins multiples, larges de 50 m, s'enfonçant sur des centaines de mètres et courant sur plusieurs kilomètres, elle engloutit les efforts obstinés de milliers de fourmis muettes et résignées et ceux de monstres de fer et de feu en un mouvement à la précision glacée. Une nuit, transi de froid, il a donné sa couverture. Il a entamé sa mue.

Après avoir étudié l'histoire des Incas pendant plus d'une semaine, Ernesto a entamé l'ascension du Machu Picchu.

Un hommage à la « Pacha Mama »

Machu Picchu, 4 avril 1952
L'ascension a débuté à l'aube. Les efforts paraissent doux à Ernesto qui a attendu une semaine à Cuzco pour s'imprégner de la culture inca. De multiples lectures et les musées lui ont enseigné le secret des vestiges massifs hissés à la porte des cieux. D'après une légende, le lait d'une herbe a la vertu de ramollir la pierre pour permettre aux Indiens de la travailler. Ernesto exulte, il se sent en « incubation révolutionnaire », ainsi qu'il le confie à Alberto. Les vers de Pablo Neruda rythment sa marche et se déversent en hommage à la « Pacha Mama », la déesse bien-aimée de la terre-mère nourricière, comme le sang sacrificiel fertilise le sol. Sur le Huayama Picchu, la montagne jeune – par opposition à *machu*, vieille –, le *libertador* Simón Bolívar l'accompagne. Il lit : « Les nations que j'ai fondées s'étaient enfoncées dans une longue et amère agonie et souffraient d'une langueur morbide. Pour mieux renaître en tant qu'Etats d'une grande République : l'Amérique. »

Ernesto tient le mensonge en haine

Lima, 1er mai 1952
Le docteur Pesce est un hôte délicat. Il se coupe en quatre pour traiter ses invités argentins. Naguère, il était le titulaire de la chaire de médecine tropicale quand le général Odria se hissa au pouvoir. « Bien trop libéral ce professeur », décréta le soudard. Il l'exila donc à Huambo, trois mille mètres d'altitude, peuplé d'Indiens. Loin de s'en affliger, Pesce travailla à sa science puis sur la population qui l'entourait, consignant le tout dans un livre. Au dîner, il s'enquiert de l'avis de ses commensaux sur son ouvrage. Mial complimente, Fuser est muet. Pesce insiste. Acculé, le critique le démolit. A l'adresse de Mial fâché par son ingratitude, il se justifie : « Tu as bien vu pourtant que j'ai tout fait pour ne pas parler. »

Quand l'Amazone charrie la lumière

San Pablo (Pérou), juin 1952
Sur les bords de l'Amazone, une péninsule où vivent les lépreux. Ils sont exclus du monde. La léproserie est divisée en sections regroupant les malades selon leur état. Indiens, ils ne veulent pas se séparer des leurs et survivent de travaux d'artisanat sous la surveillance d'une poignée de braves, médecins et religieux. Les Argentins poussent jusqu'au carré des proscrits qu'ils examinent avant de décréter qu'ils n'ont rien de contagieux. Aussitôt, ils opèrent, soulagent, redonnent le goût de la vie, jouent au *fútbol* avec les bannis. Le village renaît, un vrai miracle s'est produit. Rien ne sera comme avant, promet le Dr Brasciani, fort de cette expérience chirurgicale. Au village, Ernesto est un demi-dieu.

Les lépreux leur confectionnent un radeau

San Pablo, 19 juin 1952
La nuit tombe sur l'Amazone, aussi silencieuse que les Argentins sur leur radeau *Mambo-Tango* que leur ont construit les lépreux en sorte qu'il chasse les mauvais esprits. Les navigateurs ont la gorge nouée par les émotions vécues ces dernières heures. Alberto tient la barre, avec une bougie, et Ernesto écrit : « A la *despedida*, les lépreux se sont regroupés en un orphéon. L'accordéoniste n'avait plus de doigts à la main droite, il les avait remplacés par des bâtonnets attachés au poignet. Le chanteur était aveugle et presque tous étaient défigurés. » Le 14 juin, Ernesto fêtait dans la bonne humeur ses 24 ans. Chaque fille, lépreuse ou non, lui donna 24 baisers.

Les forces de l'ordre en parade à Bogotá

Bogotá, 11 juillet 1952
Les deux routards sont soulagés de quitter cette ville. Depuis le 2 juillet, date de leur arrivée, ils n'en croient pas leurs yeux. Les rues débordent de soldats armés jusqu'aux dents. Une pesante atmosphère de guerre civile larvée plane depuis le fameux *bogotázo* de 1948, bien présent dans toutes les mémoires. Surtout dans celle du président-dictateur du jour, Laureano Gómez, qui prend toutes les mesures pour l'étouffer. Leur dégaine d'anarchistes malodorants et mal embouchés leur a fermé les portes des léproseries. De surcroît, Ernesto a harcelé les policiers pour récupérer un coupe-papier pris pour une dague. Mais les représailles vont tomber, mieux vaut déguerpir.

Les deux amis se disent adieu à Caracas

Caracas, 26 juillet 1952
A trois jours près, voilà sept mois que les *pícaros* sont sur les routes ; ils sont bien l'image vivante des héros de la littérature hispanique. Alberto a trouvé ici un emploi de laborantin. Ernesto, fidèle à la parole donnée à Celia, se prépare à rentrer pour passer ses derniers certificats. Il ne prend pas la route la plus directe pour Buenos Aires. En effet, contre un transport aérien gratuit, un oncle argentin lui a proposé de faire un crochet à Miami pour y livrer des chevaux de course. Ce saut chez les Yankees, pour lui qui rêve déjà de découvrir l'Inde et l'Europe, est avantageux. A l'aéroport caraqueno de Maïquetia, l'*abrazo*, cette virile embrassade, est bref et pudique.

Bloqué à Miami sans un sou en poche

Miami, 31 août 1952
Le Douglas décolle enfin, chargé de fruits. Pour un moteur à changer, l'escale d'un jour s'est transformée en séjour forcé. Ernesto est soulagé de rentrer. Il vient de passer un mois en Floride avec un dollar en poche, bien peu ici. Il a dû se trouver un travail de plongeur pour survivre. Au paradis des autos, il était réduit à marcher. Suspecté de vagabondage, proscrit par les lois, il a dû subir des contrôles policiers à répétition. Le maccarthysme sévit aux Etats-Unis, poussant les gardiens de l'ordre à la paranoïa. Voici le pays où la Mafia est mieux notée que le diplômé de l'université inoffensif... mais de gauche. Il n'est pas l'avenir de son « Amérique Majuscule ».

Fidel Castro accuse le président Batista

Cuba, 16 août 1952
El Accusador, journal clandestin, sous la plume d'Alejandro, s'adresse au tyran : « [...] des malheurs dont [Cuba] souffre, des peines qui l'accablent, du sang versé, je t'accuse Batista. » La signature révèle l'autre prénom de Fidel qui s'est inspiré de l'article dreyfusard publié par Zola. La dictature ne l'impressionne pas, il s'agite, s'adresse au peuple sur les « Ondes libres de la résistance », sa radio clandestine ouverte le 20 mai. Le 6 avril, le journal *La Palabra*, qui avait publié un article virulent signé Castro, a été aussitôt fermé.

Retour en avion à Buenos Aires

Buenos Aires, septembre 1952
Ni la fine pluie d'hiver ni la famille ne manquaient à l'arrivée, à Ezeiza, l'aéroport, pas même Matilda, la fiancée de Roberto, « Minutcha », qui lui trouve l'air endurci. L'enfant prodigue a tenu parole, pense Celia avec fierté mais sans surprise, il sera donc médecin. Ernesto semble bien pressé d'en finir avec son diplôme. Il n'a pas revu Alberto lors de l'escale, sur le chemin du retour à Caracas.

Sprint aux derniers examens de médecine

Buenos Aires, décembre 1952
De Caracas, Ernesto avait demandé aux siens de l'inscrire en session spéciale pour passer le maximum de certificats en un minimum de temps. Il occupe l'appartement de la rue Araoz où il potasse ses cours le jour ou la nuit, c'est selon, car il travaille aussi à la clinique de l'allergologue Salvador Pisani. C'est un privilège car la notoriété du professeur est mondiale. Ils sont nombreux ceux qui cherchent à se distinguer à ses yeux mais il est exigeant ; cependant, il a remarqué en Ernesto la qualité peu partagée d'intelligence qui sait aller de suite à l'essentiel. Il veut le garder à ses côtés et lui offre un vrai salaire qu'Ernesto refuse. Il ne veut pas de carrière. Chichina le sait.

Examens et conquêtes d'hier et de demain

Buenos Aires, décembre 1952
La médecine dévore la plus grande partie du temps de l'ex-vagabond. Toutefois, privilège de ses énormes facultés, il relève la tête pour vivre sa vie. Lire, par exemple, un essai sur la civilisation inca qu'il commente à Tita Infante, l'amie fidèle qui l'a inscrit en session spéciale. En cours, il rencontre Liria Bocciolesi, 19 ans, qui commence à se consumer. Il voit la belle Chichina, même si beaucoup de choses ont changé. Il réécrit enfin les notes de son journal de voyage. Dont ce morceau choisi, une vision reçue en Colombie : « Je prendrai d'assaut les barricades [...], je teindrai mon arme dans le sang et, fou furieux, j'égorgerai tous les vaincus qui tomberont dans mes mains... »

1953

De 24 à 25 ans

Cuba, 15 janvier
De nombreux étudiants sont arrêtés pour avoir organisé une manifestation. Fidel a préféré se tenir à l'écart pour assurer leur défense au tribunal et se faire connaître.

Cuba, 27 janvier
Le centenaire de la naissance de José Martí donne lieu à d'énormes manifestations.

Cuba, 13 février
Rubén Batista Rubío meurt de ses blessures consécutives à la répression policière lors de la manifestation du 15 janvier. C'est la première victime de la dictature de Batista.

Argentine, 25 mars
Le pays interrompt les exportations de viande pour nourrir Buenos Aires.

Argentine, 26 avril
Des centaines de commerçants sont arrêtés pour spéculation.

Costa Rica, septembre
De San José, la capitale, Ernesto Guevara envoie une lettre à sa tante Beatriz dans laquelle il écrit : « J'ai juré de ne jamais m'arrêter avant de voir le poulpe capitaliste exterminé. »

Boniato (Oriente), 3 octobre
Le directeur de la prison envoie un télégramme au président du tribunal pour signaler que Castro, malade, sera absent au procès. C'est une manœuvre pour l'empêcher de témoigner.

Ile des Pins (Cuba), 12 déc.
Fidel Castro réussit à faire sortir le « Manifeste au peuple cubain ». Il y écrit : « Ce n'est pas le nombre d'armes ennemies qui doit être pris en considération dans le combat pour la liberté mais le nombre de vertueux dans le peuple. »

Un diplôme de docteur en médecine

Buenos Aires, 1er juin
Le voici officiellement *médico*, deux semaines avant son 25e anniversaire. L'exploit réside dans le nombre de certificats passés et réussis entre les mois de décembre et avril : quinze. Du jamais vu. Le 11 avril, en effet, après l'ultime examen, téléphonant à son père, il annonçait : « Docteur Guevara à l'appareil ». Il a réussi à épater un aréopage d'examinateurs. L'un d'eux, outré apparemment par l'attitude d'Ernesto qui pelait une orange avec méticulosité dans la salle d'examens, lui signala son sans-gêne et eut la surprise de se faire contrer. Lorsque vint le tour de ce candidat si désinvolte, l'examinateur prit plaisir à le mettre sur le gril. Peine perdue, Ernesto avait réponse à tout. Même aux questions les plus pointues. N'en pouvant plus, son tortionnaire mit fin à la séance. Fair-play, il lui tendit la main : « Cher docteur, je ne puis que vous donner la mention très honorable. » Il est délivré de sa parole et dégagé des obligations militaires, surtout libre d'entamer sa vie comme il l'entend. Pisani, Celia, Chichina revue chez elle en janvier, ne peuvent le retenir. Il propose à Liria de l'accompagner. Calica, son complice et fidèle depuis Alta Gracia, ira en Bolivie avec lui.

Les dernières notes de l'étudiant Guevara

Pédiatrie et puériculture	Bien	Oct. 1952
Obstétrie (physiologie)	Avec distinction	Déc. 1952
Phtisiologie	Prom. passable	Déc. 1952
Dermatologie	Prom. passable	Nov. 1952
Médecine légale	Passable	Déc. 1952
Hygiène et médecine sociale	Bien	Déc. 1952
Orthopédie	Passable	Déc. 1952
Pathologie obstétrique	Passable	Déc. 1952
Médecine interne	Avec distinction	Déc. 1952
Chirurgie	Passable	Déc. 1952
Pathologie des maladies infectieuses	Avec distinction	Déc. 1952
Neurologie	Passable	Avr. 1953

L'appel de la croisade plus fort que la pratique de la médecine

Buenos Aires, 7 juillet
Gare Retiro. Le train en partance pour La Paz s'ébranle. Sur le quai, Celia presse le pas puis court. Le train prend de la vitesse et la tête d'Ernesto se penche par la fenêtre. Il est souriant et agite la main. Au travers des stridences métalliques, sa mère entend un cri : « Ici s'en va un soldat d'Amérique ! » Il est parti avec Carlos « Calica » Ferrer pour la Bolivie. Rue Araoz, Sabina, la domestique aymara, n'en finissait pas de lui conter les mille misères des Indiens et les siennes. Ce pays l'attire. Les événements d'avril, qui ont vu les milices ouvrières rétablir la légalité républicaine au prix de 1 500 morts, l'incitent à y aller pour aiguiser sa vision politique. C'est le plus pauvre pays du continent, où les Indiens dominent en nombre. Il a vu ces peuples multiples mais tous identiques dans la misère, le mépris et l'exploitation. Il a partagé avec eux la faim parfois et le froid. Il les a observés tel un entomologiste, sans sympathie particulière mais avec l'intérêt que lui commande sa soif de justice. Son expérience continentale a été cruciale : « Cette errance sans but m'a changé plus que je croyais. » Médecin, sa voie est la chirurgie politique. Ses livres lui en forgent peu à peu les outils.

Castro à l'assaut de la garnison du Moncada

Cent trente rebelles conduits par Fidel

Santiago de Cuba, 26 juillet
Il est 5 h 15. Devant la porte nº 3, Renato Guitart, en uniforme beige, commande aux trois sentinelles : « Ouvrez ! Le général arrive ! » Trois autres compagnons désarment les soldats puis se ruent vers la salle de la radio. Dehors, dans sa Buick Mercury neuve, Fidel hésite : une patrouille non prévue surgit. Ce sont quatorze mois de préparation qui dépendent de sa décision. Il lance la Buick sur la patrouille. Les soldats sur le qui-vive ouvrent le feu. Moins d'une demi-heure plus tard, l'assaut est terminé. Repli sans gloire à la ferme d'El Siboney : 8 rebelles sont morts. A 150 km au nord, à la même heure à Bayamo, vingt-deux autres sont trahis par les oies du Capitole : un chien apeuré. Douze y ont laissé la vie. L'armée déplore 19 tués.

A Santiago de Cuba (Oriente), la garnison du Moncada est le cœur de la répression sanglante du régime de Batista.

L'attaque échoue et Fidel est en prison

Santiago de Cuba, 16 octobre
« Je porte dans mon cœur les doctrines de José Martí et dans mon esprit les nobles pensées de tous les hommes qui ont lutté pour la liberté du peuple. » Castro, face aux trois juges, assure sa plaidoirie dans une salle minuscule du tribunal. Deux heures plus tard tombe le verdict : 15 ans de prison sur l'île des Pins. Le procès a permis de rappeler que 60 fidélistes sont morts sous la torture.

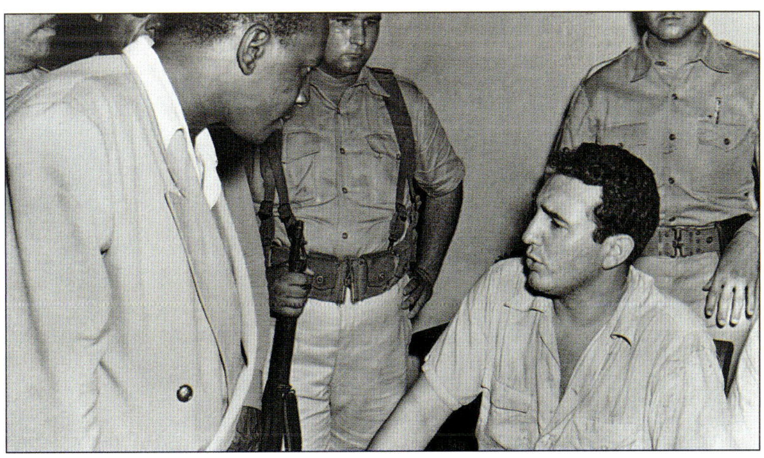

Arrêté, Fidel Castro subit un premier interrogatoire avant d'être emprisonné.

Ernesto poursuit son errance

Guayaquil (Equateur), 25 octobre
Ernesto s'embarque sur la *Flota blanca*, un cargo de la United Fruit, pour le Panama, grâce à l'aide d'un avocat socialiste ami. La Bolivie ne l'a pas retenu. Il est persuadé que le pouvoir n'y est pas crédible. Il a vu des Indiens se faire asperger de DDT dans le vestibule du ministre des Affaires paysannes. Au Pérou, il a observé la vie des paysans indiens et retrouvé son cher Machu Picchu.

Rencontre avec une réfugiée politique

Guatemala Ciudad, 21 décembre
Arrivé la veille, Ernesto rencontre une réfugiée péruvienne apriste que lui a présentée l'Argentin Ricardo Rojo, l'antipéroniste. Hilda Gadea, économiste de 28 ans, travaille et accepte, avec réserve, de se porter caution auprès de sa logeuse. Leurs chambres sont à proximité du palais présidentiel, ce qui facilite les visites. Elle se méfie du garçon : trop beau pour être intelligent, pense-t-elle.

Les exilés de Cuba l'appellent « le Che »

Guatemala Ciudad, 27 décembre
Grâce à Hilda, Ernesto rencontre six Cubains dont Antonio López, dit Nico. Ce dernier, ouvrier, est l'ami de Fidel. Il a ronéotypé le manifeste dans lequel Castro annonçait que le pouvoir issu de la force devait être chassé par la force. Ils ont participé à l'assaut du Moncada. Au Costa Rica en novembre, Ernesto a appris l'histoire insensée du coup d'éclat, racontée par des Cubains exilés. Cet événement l'impressionne bien qu'il ait eu du mal à croire à son récit, comparé, avec son habituel humour caustique, à un scénario de western. Les Cubains relèvent chez Ernesto son tic linguistique qui consiste à prononcer *che* en début de phrase. Les Argentins se font reconnaître de la sorte, et leurs voisins du continent se plaisent en effet à les désigner sous ce vocable, qui a été introduit par les immigrés italiens. Dans leur langue d'origine, *c'e* signifie « il y a ». Ernesto apprécie ses amis et la liberté ambiante, surtout celle de la presse, absente dans son pays.

1954

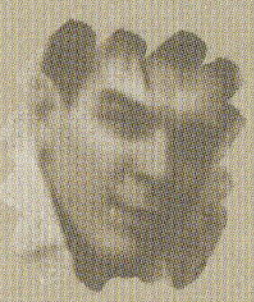

De 25 à 26 ans

Cuba, mai
Une campagne pour la libération de Fidel Castro est organisée par Haidée Santamaría et Melba Hernández, tout juste sorties de prison car elles avaient participé à l'assaut du Moncada.

Guatemala, 1er juillet
John Puerifoy, l'ambassadeur américain, appuie une junte de cinq officiers.

Guatemala, 8 juillet
Le colonel Carlos Castillo Armas entre officiellement en fonction à la tête de l'Etat.

Cuba, 17 juillet
De sa prison de l'île des Pins, Fidel Castro entend à la radio que Mirta, son épouse, a été nommée au ministère de l'Intérieur.

Cuba, 14 août
Le *Journal officiel* publie le texte de loi qui autorise une société à capitaux étrangers à diviser l'île en deux en construisant « La Via Cuba Canal ». Louée pour 90 ans, cette voie navigable devrait permettre aux Etats-Unis de grandes facilités militaro-policières.

Cuba, octobre
Les partisans du mouvement du 26 juillet (M26-7), fondé par Castro, distribuent des milliers de copies du texte « L'histoire m'absoudra » rédigé par Fidel dans sa prison et sorti en secret.

Argentine, 22 décembre
Conflit ouvert entre le régime péroniste et l'Eglise catholique sur le divorce que le pouvoir veut imposer.

Argentine, 30 décembre
Un décret autorise les maisons closes.

L'exemple du progressisme d'Arbenz l'attire au Guatemala

Guatemala Ciudad, janvier
En Equateur, Ernesto savait qu'il ne rejoindrait pas son ami Alberto à Caracas comme il l'avait prévu. Le Guatemala lui offre enfin la vitrine politico-sociale qu'il est impatient de découvrir et juger. En chemin, son regard sur les Indiens lui a inspiré un sentiment nouveau. Il ne parle plus que des « Indo-Américains » et se sent « métis ». Voici qu'un pays avec une majorité maya conteste la suprématie blanche. Un président est élu pour limiter les excès d'un système féodal qui réserve la moitié des terres cultivées à 22 familles. La United Fruit, « la Frutera », un Etat dans l'Etat, ne travaille que 15 % de ses 234 000 hectares. Elle possède une flotte de 40 navires, contrôle les chemins de fer et exploite dix mille personnes. La « pieuvre verte » est présente en Amérique centrale et aux Caraïbes. Siègent à son conseil les Morgan et Rockfeller. Elle puise sa force dans les traités avantageux pour les Etats-Unis, imposés à ces pays conquis dirigés par une classe arrogante, corrompue et servile.

La politique d'Arbenz fait le bonheur des petits paysans qui ont reçu des terres.

Hilda est une aide précieuse pour lui

Guatemala Ciudad, février
Elle est bonne camarade, Hilda. Ses réticences du début s'effacent car le jeune homme l'impressionne par sa gentillesse et sa vivacité. Partis en excursion dans les environs, l'heure tardive allait les obliger à passer la nuit à l'auberge. Ernesto, sentant l'embarras de Hilda, remua ciel et terre pour la raccompagner chez elle. Lui, d'habitude si débrouillard, n'arrive pas à trouver un travail. L'ordre des médecins se méfie de ce confrère aventurier et lui refuse un emploi. Il se contente de colporter des « bondieuseries » qui suffisent à peine à son quotidien. Hilda porte ses bijoux au clou. Il la rembourse avant le délai et lui emprunte ses livres, dignes de son engagement à gauche. Elle lui fait lire les classiques russes, les philosophes allemands, Engels, Marx, et Mao également. Sa pensée politique chaque jour plus aiguisée par leurs échanges trouve en Hilda, habituée à évaluer les faits sous l'angle du matérialisme, une femme exigeante et militante, une complice. Mieux, une camarade.

Ernesto n'apprécie pas le marchandage

Guatemala Ciudad, mai
Faute d'emploi régulier, Ernesto ne peut bénéficier de visa permanent. Il doit quitter le pays une semaine pour en obtenir un autre au passage de la frontière. Les menaces pèsent sur Arbenz, amplifiées chaque jour par la presse des riches, la rumeur de la rue, les nouvelles sur les ondes. Hilda sent le danger, court chez un Est-Allemand, Herbert Zeissig, du PGT, qui lui propose un marché : la carte du parti contre le visa. « Qu'il aille au diable ! » rugit Ernesto.

Il fait assidûment la cour à Hilda Gadea, qui est de trois ans son aînée.

La CIA écrase le Guatemala sous les bombes

Anéantissement d'un espoir politique

Guatemala Ciudad, 17 juin
Les troupes du catholique colonel Carlos Castillo Armas, qui arborent l'insigne du Christ percé d'une épée, entraînées et équipées par la CIA, foncent sur le Guatemala depuis le Honduras. L'aviation bombarde le pays depuis deux jours, provoquant dans la population la même panique que celle éprouvée au XVIe siècle par leurs ancêtres devant les chevaux de Hernán Cortés. La Maison Blanche s'est émue du sort de la United Fruit à qui Arbenz a repris 84 000 ha. Le chef du département d'Etat, John Foster Dulles, ancien avocat, avait participé à la rédaction des contrats signés entre la compagnie et l'Etat guatémaltèque. Son frère, Allen, est l'actuel directeur de la CIA. Cette dernière a formé des mercenaires dans les pays riverains et entretenu une virulente campagne anti-Arbenz au Guatemala. Le 15 avril, alors que le cargo suédois *Alfheim* était à quai à Puerto Barrios et débarquait des armes tchèques de faible puissance, les Etats-Unis, ne supportant pas cette menace proche de Panama, déclenchaient le compte à rebours. L'armée cède partout du terrain, sa défense est nulle. Pays de collines aux villages vides d'habitants, son peuple est désarmé.

Les forces de la réaction guatémaltèque, équipées par la CIA, se déchaînent.

Le Che se démène en faveur d'Arbenz

Guatemala Ciudad, 20 juin
Ernesto va trouver Marco Antonio Villamar, communiste du PGT, afin de l'aider à organiser et armer des milices ouvrières. Mais ce dernier lui fait part de son scepticisme : il a conduit des ouvriers à l'arsenal et l'armée a tiré. Depuis l'invasion, l'Argentin jubile. Les bombes, la poudre et le fracas le stimulent et le rendent euphorique. Il est inscrit au groupe médical d'urgence et à un autre anti-incendie. Il court dans la ville, cherche le peuple en armes.

Le président n'a pas le cœur à se battre

Guatemala Ciudad, 3 juillet
Castillo Armas descend de l'avion de l'US Air Force. L'accueillent le nonce apostolique et l'ambassadeur américain John Puerifoy. « Dieu d'abord ! » s'exclame-t-il. La place est nette pour la répression. Arbenz s'est réfugié le 27 juin à l'ambassade du Mexique. Le 25 encore, il lançait un vibrant appel sur les ondes. Mais il n'a pas fait distribuer les armes attendues, comme il le fit dix ans plus tôt. Pourtant, la géographie est ici l'alliée idéale de la guérilla.

Hilda l'aime mais hésite à faire le pas

Guatemala Ciudad, juin
Les sorties au théâtre, les lectures et leurs commentaires ont révélé plus que l'intérêt militant. Ces dernières semaines, le brun et bel Argentin s'est dévoilé. Comme il ne sait pas chanter, il déclame son amour en vers, car il tâte la muse, ou bien il lui susurre un tango sirupeux de « Carlito » Gardel, *Le jour où tu m'aimeras*. Hilda est touchée car elle est sensible ; ne s'est-elle pas émue de le voir se piquer les veines quand l'asthme l'étouffait ? Mi-mars déjà, il la demandait en mariage. Mais elle a refusé. Bien loin de se décourager, Ernesto revient à la charge, bouche en cœur, vaillant et joyeux.

Hilda se fait arrêter puis visite Armas

Guatemala Ciudad, juillet
La vie a bien changé, car le pouvoir a deux priorités. Il réprime : près de 9 000 tués ou embastillés depuis le 17 juin. Et il rend à la « Frutera » son carré confisqué et en rajoute même : des terres rendues à ceux qui la travaillaient. De sa prison, Hilda apprend ces tristes nouvelles. Elle a été arrêtée le 22 juillet, et la police cherche un communiste connu de la CIA, nommé Guevara. L'idée lui vient de demander audience, de sa prison, à Castillo Armas, qu'elle a rencontré par le passé. Au palais, le nouveau maître garantit sa sécurité jusqu'à son départ. Elle n'a plus qu'à récupérer le diseur de tangos.

Persona non grata au Guatemala

Guatemala, septembre
Quand Hilda était en prison, son ami avait trouvé refuge, comme tant d'autres, à son ambassade. Perón, qui n'a pas levé le petit doigt pour Arbenz, a envoyé un avion afin de sortir ses compatriotes du guêpier. Il en manquait un à l'appel : Ernesto, l'homme aux semelles de vent. Il a retrouvé sa belle au restaurant car il est sous protection diplomatique, le temps d'obtenir un visa pour le Mexique. Dans l'attente, il part sur les bords du lac Atitlán. Hilda, qui l'accompagne, lit son texte intitulé « J'ai vu la chute d'Arbenz ». Quand vient le départ, elle est dans le train. L'échange du baiser a pris 20 km.

Le Mexique, étape de leur exil

Mexico, octobre
Hilda tient ses promesses. Elle est là, au Roma Hotel, rue Quatecmoc, devant Ernesto qui s'adonne parfois à la chasse aux papillons. Peu après l'avoir quitté, 20 km au-delà de la capitale guatémaltèque, Hilda s'est fait arrêter une nouvelle fois. Une nuit de prison puis l'expulsion vers le Mexique. Elle a eu de la chance car elle n'avait plus de passeport. A Malacatán, ville frontière du côté guatémaltèque, elle est retournée en geôle avec deux soldats lubriques. Elle s'en est sortie en payant, non sans avoir marchandé, 20 quetzalès à chacun des libidineux. Libre enfin, elle s'est envolée pour Mexico.

1955

De 26 à 27 ans

Cuba, 12 juin
Les partisans de *Acción nacional* de Frank País, mouvement limité à Santiago, ceux du Mouvement national révolutionnaire d'Armando Hart et Faustino Pérez, rejoignent le M26-7 de Castro.

Mexique, 26 juillet
Fidel organise, dans le parc de Chaputelpec, une manifestation pour le deuxième anniversaire de l'assaut du Moncada.

Mexique, juillet
Ernesto a vaincu le Popocatepetl, volcan qui culmine à 5 452 m.

Mexique, 8 août
Fidel publie le manifeste numéro 1 du M26-7, adressé aux Cubains, dans lequel il traite de réforme agraire et où il exhorte à la prudence les étudiants du Directoire révolutionnaire.

Etats-Unis, 19 août
Castro fait la tournée des réfugiés cubains afin de récolter des fonds destinés à sa lutte politique.

Argentine, 25 septembre
Perón est renversé par les militaires. Guevara est partagé sur ce chef d'Etat, néanmoins il salue son combat contre l'impérialisme.

New York, 30 octobre
Fidel Castro réunit à l'hôtel Palm Garden les chefs de l'opposition cubaine. A cette occasion, l'ex-président Prío verse son écot très généreux.

La Havane, 7 décembre
Camilo Cienfuegos est hospitalisé, il a été molesté au cours d'une manifestation.

Cuba, 1955
Fidel et Mirta divorcent.

Photographe public et journaliste

Mexico, 6 mars
Ernesto renoue avec le journalisme. Pour couvrir l'événement sportif de l'année, les Jeux panaméricains, il s'est fait embaucher par l'agence de presse Latina que Perón a créée afin de tailler des croupières aux concurrentes du « nord ». Il y exerce comme photographe. Encore une vieille passion, rencontrée à l'entrée de l'adolescence, et qui a le mérite de l'aider au Mexique puisqu'il en vit. Dès son arrivée, déambulant dans les rues et les parcs, il proposait aux familles de leur tirer le portrait, en toute illégalité car il est étranger.

L'histoire du Mexique, aussi bien ancienne que moderne, passionne le Che.

Travail de recherche sur les allergies

Mexico, 23 avril
Le docteur Salazar Mayen, patron de l'hôpital général, est admiratif. Il complimente le médecin argentin qui vient d'achever son exposé au Congrès mexicain d'allergologie. Il n'a pas perdu la main, Ernesto. Le matin, il est employé à l'hôpital, dans sa spécialité, comme assistant. Son salaire est symbolique mais peu lui importe car il est fier de voir ses compétences dépasser celles de ses collègues. Il le doit à Pisani, auquel il rend hommage en s'inspirant de ses études sur les aliments prédigérés.

Lune de miel avant le mariage

Cuernavaca, 18 mai
Hilda et Ernesto sont unis dans les faits. Ils ont choisi cette bourgade, non loin de Mexico, pour abriter leurs amours. Hilda aurait préféré passer devant le maire mais, dans ce pays aussi, la bureaucratie semble ignorer les sentiments. Il manque toujours un papier, ou peut-être des *mordillas*, ces pourboires qui règlent tout. Le couple a du caractère ; il est tenace, elle est têtue. Mille fois il demanda grâce, mille fois elle fit la grimace. En février, ça bardait dur : Hilda lisait et, tournant la page, une photo tomba, celle d'une jeune fille peu vêtue. *Caramba !* C'en était trop. Rupture. Une vétille n'effarouche pas un Ernesto. Il attendait.

La première rencontre avec Raúl Castro

Le 15 mai, Castro quittait la prison.

Mexico, juin
Entre Ernesto et Raúl, le courant passe, ils sont d'accord sur tout. Le second, plus jeune de trois ans, est vif, sympathique. C'est Nico López, rencontré au Guatemala, perdu de vue, retrouvé à l'hôpital lors d'une consultation, qui les a présentés. Et le Cubain n'a pas manqué de faire l'éloge de l'Argentin chez les exilés « moncadistes ». Raúl a fait sa route depuis l'école jésuite exécrée. Il a sa carte des Jeunesses communistes, a visité les Balkans, Budapest et, pour un Congrès mondial de la jeunesse organisé en sous-main par Moscou, Vienne. Paris enfin, d'où la lumière vint. Moins cultivé qu'Ernesto, ses convictions sur l'impérialisme et le réveil nécessaire des masses pour l'abattre le rapprochent de lui.

Le Che épouse Hilda, qui est enceinte

Tepotzotlán, 18 août
La cérémonie, toute administrative, fut vite réglée. Raúl, le témoin, ne signe pas, par précaution politique. L'honneur revient à Jésus Montané, un « moncadiste ». Fidel est absent mais ne manquera pas en fin d'après-midi de participer aux agapes. Le marié a promis *l'asado* à la bande de Cubains alléchés. Hilda pense à ses parents, Ernesto à l'avenir que sa chère camarade a préparé. Elle est enceinte. Le vagabond voulait visiter la Chine, mais l'agence de presse Latina n'a payé que la moitié de ce qu'elle lui devait. Il s'interroge sur la responsabilité du chargé de famille.

Les jeunes Guevara font du tourisme

Yucatán, novembre
A moitié volés par l'agence Latina, fermée, selon Ernesto, par la volonté des Yankees, peu désireux de voir amputé leur monopole de fait, les époux Guevara s'offrent leur vrai voyage de noces. Ils arpentent les pistes archéologiques parmi les plus riches du monde. Le climat aride de la presqu'île soulage les poumons de l'archéologue, gavé de témoignages de la brillante civilisation maya sur les sites de Uxmal et Chichén Itzá. Quelques jours plus tôt, au Chiapas, dans la touffeur humide de la forêt, ils découvraient une autre merveille, Palenque, joyau des Amériques.

Ernesto se fâche et se montre macho

Veracruz, novembre
Sur le chemin du retour, ils longent le golfe du Mexique. Dans un petit port de pêche, proche de Veracruz, Hilda ressent soudain une furieuse envie de poisson. Sur la plage, une gargote de pêcheurs fait l'affaire. Le couple distrait une table de marins occupés à leurs bières. L'un d'eux boit à la santé du mari, à celle de la reine. Ernesto signale que celle du mari suffit. Après trois lampées, le même s'obstine. Le ton monte et l'époux courroucé veut en venir aux mains. Déjà luisent des lames. Mais le « gargotier » a du métier.

Fidel enrôle le Che avec ses Cubains

Leur entraînement au Mexique comprend l'ascension du Popocatepetl.

Mexico, 10 juillet
La matinée est bien entamée. Au 49 rue Emparan, dans l'appartement de María Antonia Gónzalez, une Cubaine et saint-bernard des exilés, deux hommes arrivent à ce point d'estime dont le coup de foudre est l'équivalent amoureux, après plus de dix heures de dialogue d'affilée. Fidel, libéré après remise de peine, risquait sa vie à Cuba. Il est arrivé au Mexique le 8 comme un touriste. Ernesto, que les Cubains n'appellent plus que « le Che », n'a pas attendu avant de rencontrer le héros de la geste impossible du 26 juillet. En commun, ils ont le regard d'hommes cultivés, lucides et féroces pour leur classe d'origine. Le goût affirmé de la justice, la passion de l'Amérique des *libertadores*, la haine rageuse des Etats-Unis, le sens de l'action et de sa nécessité sans laquelle l'idéal n'est que fadeur. Fidel a témoigné déjà de la jubilation ressentie quand sifflaient les balles, Ernesto l'admet car lui contemplait, au Guatemala, les avions mitraillant en rase-mottes, et s'amusait à relever les couleurs des flammes qu'ils crachaient. Fidel a le don du verbe mais, évoquant le Moncada, il n'use d'aucun artifice, il ressuscite les faits. Il est séduit par la simplicité du Che, par son aisance dans l'analyse théorique et par sa vaste culture politique. Ils partagent la même foi du rêve révolutionnaire et la volonté d'aller à sa conquête.

Fidel plaide la cause nationaliste.

Les clubs d'exilés cubains aux Etats-Unis récoltent des fonds pour Castro.

1956

De 27 à 28 ans

Argentine, 10 juin
Le général Aramburu lance la répression contre les péronistes.

Mexique, 8 août
Fidel envoie une lettre à la trésorière du M26 de l'Oriente, María Antonia Figueroa, dans laquelle il confirme « les magnifiques qualités d'organisateur, de courage et d'aptitude de Frank País ».

Birán (Oriente), octobre
Angel Castro meurt d'une perforation de hernie. Il n'a pas vu son fils Fidel depuis 1953.

Pérou, octobre
Hilda Gadea, épouse Guevara, fonde à Lima un comité de soutien au M26 cubain.

Purial (sierra Maestra), 18 déc.
Deux groupes font leur jonction, conduits l'un par Fidel, l'autre par Raúl. Huit hommes au total.

Purial, 23 décembre
Juan Almeida conduit six hommes, dont le Che blessé, et permet la jonction avec le groupe des frères Castro. Ils sont désormais quinze hommes, avec sept fusils.

Santiago, 24 décembre
Les militants du M26 de Santiago se réunissent pour décider de l'aide logistique à apporter et des volontaires à envoyer aux rebelles.

Sierra Maestra, 31 décembre
Fidel et ses dix-neuf hommes sont face à une armée de 40 000 hommes. Ils sont à 50 km du *Granma*.

Cuba, décembre
Des affiches promettent une récompense : 5 000 pesos pour une information sur les rebelles, 100 000 pour la tête de Fidel (1 peso vaut 1 $).

Hilda Beatriz, « Hildita », est arrivée

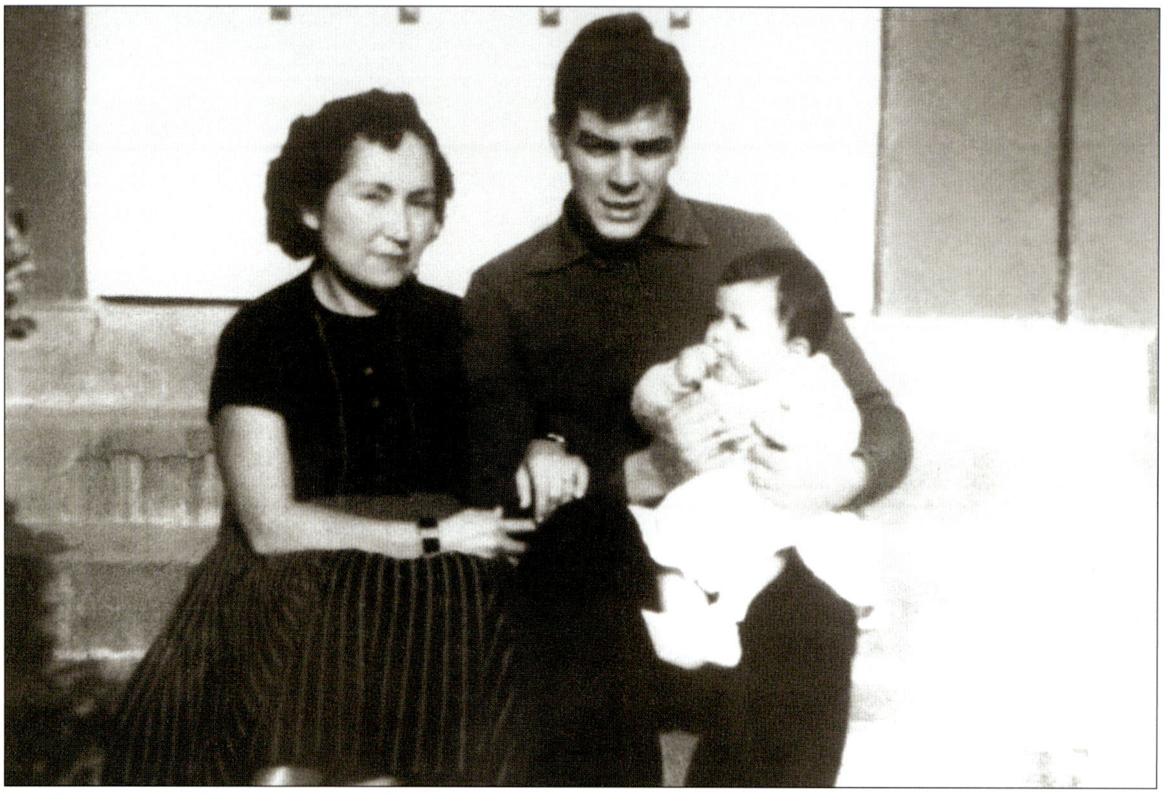

Une des premières photos (septembre) de la petite Hildita avec ses parents qui habitent toujours rue Napoles, à Mexico.

Mexico, 15 février
Voilà neuf mois qu'Hilda attendait cet événement. Ernesto aussi. Elle s'appelle Hilda Beatriz. Beau bébé, rond, joufflu. Les yeux bridés et la peau mate, elle a hérité de sa mère les caractères indiens. Le papa n'est pas pris au dépourvu, mais enfin il attendait un garçon, auquel il avait choisi pour prénom celui de l'illustre camarade Oulianov, Vladimir, dit Lénine. Mais il se rattrape : ses traits asiates l'inspirent, elle est son « petit Mao ». Fidel est le premier à lui rendre visite. Il l'appelle, comme tout le monde, Hildita. Soucieux de savoir et moins internationaliste, il prédit qu'elle sera éduquée à Cuba.

Le Che et les rebelles cubains s'entraînent dans un centre de tir

Hacienda Santa Rosa, mars
Les préparatifs de « l'invasion » s'accélèrent et requièrent la plus grande discrétion. Fidel se sait épié par Batista et pas seulement lui. En février, sa troupe s'entraînait au tir, en banlieue, au centre Los Gamitos. Cinquante hommes ne passent pas inaperçus, et il faut un lieu vaste et isolé pour ce genre d'opération. D'autant que Fidel a déniché, parmi les nombreux réfugiés espagnols, un général d'aviation, Alberto Bayo, cubain de naissance mais qui a servi toute sa vie sous l'uniforme de la Légion étrangère espagnole. Près de Mexico, un vieux qui s'est battu avec Pancho Villa contre les Yankees se laisse convaincre de louer son ranch, Santa Rosa, pour 8 dollars par mois. C'est une misère, car les bâtiments s'étendent sur 1 000 m^2, avec autour un espace de 150 km^2 vallonné.

Le champ de tir de la « finca » Los Gamitos est dans la banlieue de Mexico.

Les Etats-Unis font emprisonner les exilés cubains

L'emprisonnement n'empêche pas Fidel Castro de poursuivre son objectif.

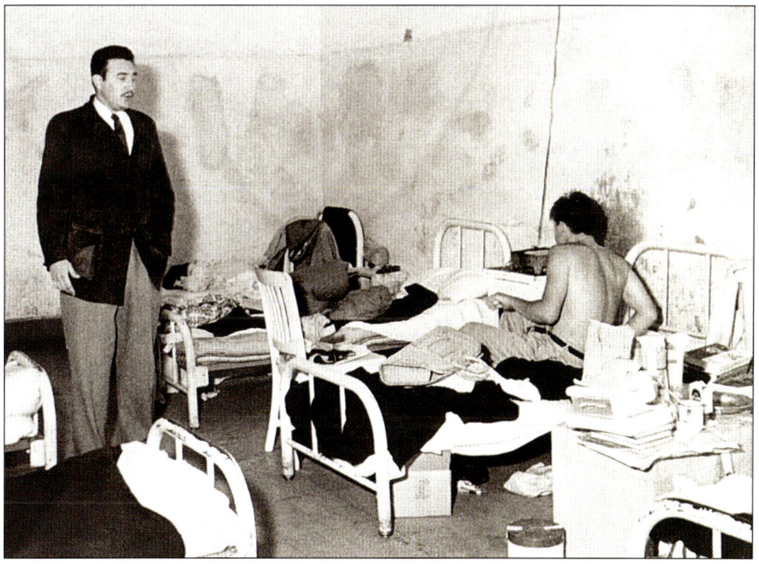

Hacienda Santa Rosa, 24 juin
Des jeeps, des cars et camions, une petite armée de policiers cernent les bâtiments de l'hacienda. Fidel, à pied, s'approche seul pour bien se faire reconnaître. Le Che est sur un arbre, prêt à y rester, mais il entend son chef qui leur ordonne à tous de se rendre. Seuls Raúl et une poignée de rebelles échappent aux mailles du filet. Le massacre est évité. Tout avait débuté le 20 juin, en pleine rue, quand Fidel était ceinturé par des policiers et emmené. Dans l'après-midi, c'était le tour de Hilda, avec sa fille dans les bras. Ils sont ainsi une trentaine sous les verrous, au centre de détention Miguel-Schultz pour les étrangers. Hilda a entendu parler anglais lors de l'interrogatoire. ▷

Alors que Fidel est libre, le Che languit en prison

Castro est libéré après une semaine

Mexico, 24 juillet
Fidel Castro est libéré. Choisis par Raúl et Juan Manuel Marquéz, deux avocats ont eu affaire à forte partie, les prébendes de Batista versées à la police les débordant. Mais l'intègre juge Lavalle avait signé leur liberté, contrariant l'Intérieur qui refusait de lâcher prise, criant au complot communiste. Castro niait, pointant que Batista, qui exige également son extradition, gouverne avec eux. Le raffut médiatique et une grève de la faim des Cubains ont pesé : vingt-cinq d'entre eux gagnaient la liberté le 9 juillet. Il était reproché à Fidel et au Che le délit de séjour irrégulier. Lazaro Cárdenas s'en mêla, fort du prestige d'avoir osé nationaliser le pétrole, en 1938. Le Che reste au cachot. Il intrigue, cet Argentin féru de marxisme, parmi ces Cubains.

Cette villa, dans la banlieue de Mexico, est une des bases des Cubains.

Fidel tient sa parole, le Che est libéré

Mexico, 31 juillet
Ernesto et Calixto García sont les deux derniers à recouvrer la liberté. Fidel a tenu parole, les *mordidas* ont tout arrangé. Ernesto l'avait adjuré de n'agir que pour la révolution. Il est resté muet malgré les menaces sur les Hilda, harcelé car soupçonné d'accointances avec Moscou. Et la prison a accru son admiration pour Fidel, car le colosse est le premier homme de caractère qu'il rencontre. Au ranch, il lui a écrit un hymne : « Partons, ardent prophète de l'aurore, libérer le vert caïman que tu aimes tant. » Il brûle de venger la déception du Guatemala. Du cachot il a écrit à ses parents : « Mon destin est lié à la révolution cubaine. » Le 15 juillet, à sa mère : « Je ne suis ni le Christ ni un philanthrope, j'essaie d'envoyer à terre l'adversaire. »

Arrêté le 24 juin, le Che va rester cinquante-sept jours à la prison Miguel-Schultz. Sa femme, Hilda, lui permettra de voir sa petite fille régulièrement.

Quatre-vingt-deux rebelles montent sur le *Granma*

Tuxpán, 25 novembre
Du ciel bas, il tombe des cordes. Les rebelles n'en croient pas leurs yeux, et Universo Sánchez se tourne vers Castro : « Où est le vrai bateau ? » Il n'a pas mauvaise mine, le *Granma*, un yacht pour pêcher le gros, blanc et vert, rouge à la ligne de flottaison. Il a 63 pieds de long dont 7 sont encombrés de matériel ; 2 moteurs Diesel et 7 cabines. Ils sont 82 à son bord, affûtés par les soins de Bayo, conditionnés par le Che qui leur a enseigné, en plus de rudimentaires notions de secourisme, la règle d'or de la survie : ne pas se laver. Ils ont pour 3 jours de vivres : jambon, lait concentré, biscuits, pain et chocolat, 3 sacs d'oranges, de l'eau à volonté. Et des cartouches, fusils, bazookas. Les rebelles sont venus par petits groupes, en train et en bus. Le Che se cachait ; à sa libération, il avait huit jours pour quitter le pays. A l'abri dans diverses maisons, il a fait ses adieux à Hilda, qui retourne au Pérou avec Hildita car son parti, l'Apra, s'est rallié à Manuel Prado, l'actuel président. Chez les Guevara flotte un nuage de brouille, car la complicité politique s'est évanouie. Fidel, le chef, rameute ses troupes. Il est temps, la police les surveille et deux volontaires ont fait défaut. Le 19, dans *L'Alerta*, il a donné deux semaines à Batista pour déguerpir. Le gros temps consigne les bateaux au port, mais Norberto Collado, le timonier, noir, noueux, un ex-sous-marinier, lève l'ancre. Il est 1 h 05.

Le « Granma » est un yacht de 19 mètres en bois, acheté à un Américain qui l'utilisait pour la pêche de plaisance.

Les rebelles emprisonnés à Mexico s'étaient fait photographier dans la cour.

Le drapeau cubain a été adopté par les nationalistes en 1869 et devint l'emblème national en 1902. Les trois bandes bleues représentent les trois provinces de la période coloniale, et les deux bandes blanches illustrent les idéaux de pureté et de justice. Le triangle rouge, d'origine maçonnique, rappelle le sang versé par les républicains pour l'indépendance de l'île, chaque côté symbolisant la liberté, l'égalité et la fraternité. L'étoile blanche (« la estrella solitaria ») symbolise l'indépendance nationale.

Sept jours dans un yacht sur une mer déchaînée

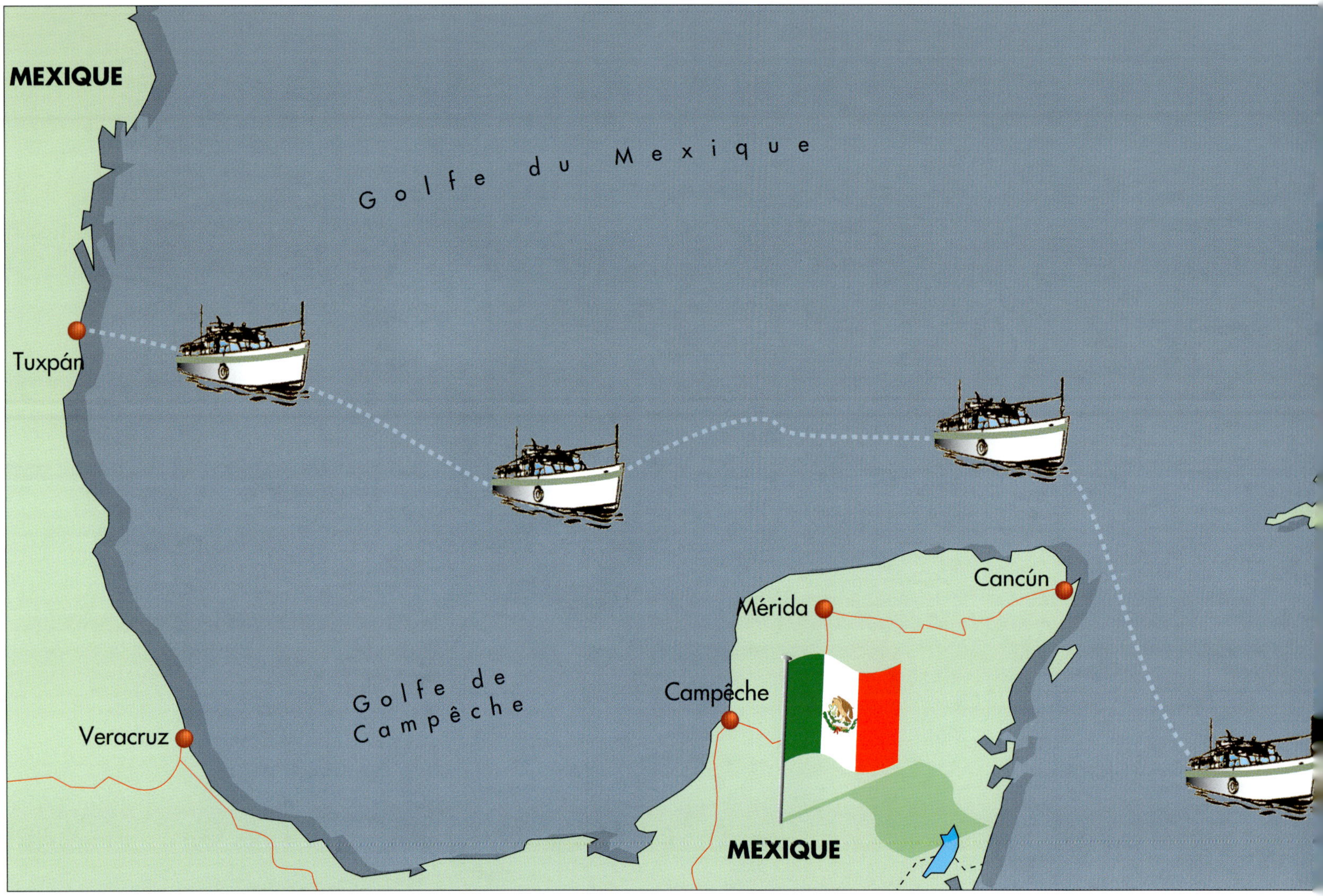

Entassés et tous malades comme des chiens

A bord du *Granma*, 29 novembre
Au troisième jour de navigation, ils connaissent le premier répit depuis le départ. Les nuages se déchirent, quelques rayons de soleil s'efforcent de redonner quelques couleurs au drapeau cubain, accroché au digon de la poupe. Les creux, les rafales et les déferlantes ralentissent la course. Ils devraient être arrivés mais ont à peine dépassé la moitié du trajet. Les seuls marins sont : Norberto Collado, timonier, Ramón Mejias, aide-timonier dominicain, Roberto Roque, navigateur, et enfin « Chuchu » Reyes, mécanicien. A ceux-là incombent les manœuvres et l'organisation du bord. En bas, les 78 hommes sont confinés dans un espace souillé et empuanti par le vomi. Aucun n'a le pied marin, la croisière vire au drame. Incapables de monter sur le pont, le temps ne le permet pas, seuls les marins font le va-et-vient pour laver et rincer chemises et pantalons, ou parfois débarrasser les reliefs des repas. Leur route les éloigne des côtes : aussi loin que possible de celles du Yucatán dans les eaux territoriales mexicaines ; au large, vers le sud, pour éviter les garde-côtes cubains, à la recherche de trois bateaux de plaisance, le *Granma*, le *Corinthya* et le *Magdalena*, suspectés de servir au transport d'hommes et d'armes. Batista prend la menace du M26 au sérieux, il connaît le charisme de son chef. Sa police a réussi à infiltrer les fidélistes. L'aéronavale est aussi sur les dents, mais le mauvais temps ne les favorise pas non plus...

Un homme tombe à la mer en pleine nuit

A bord du *Granma*, 2 décembre
Il est 1 h 05, septième jour de calvaire. Roberto Roque est monté sur le pont. Il scrute la nuit, cherchant le faisceau du phare de Cabo Cruz. Une lame l'emporte et il disparaît aussitôt. Norberto informe Fidel, qui se soucie de ses hommes. Il faut le rechercher, tant pis pour la nuit qui va disparaître, si près du but, et pour le risque de se faire repérer par les garde-côtes. Le *Granma* tourne sur lui-même, pour un peu on dirait qu'il fait des ronds dans l'eau. Mais non. Les hommes ne sentent plus le mal de mer, les trois marins agrippés au bastingage s'époumonent, yeux exorbités. En vain. Alors, Norberto, tout de nerfs d'acier, se revoit à bord du sous-marin américain pendant la guerre. Sous l'eau, tous les bruits comptent, l'équipage est habitué à épier le plus petit écho. Il place le navire contre le vent et le met en panne. De longues secondes, des minutes se passent. Soudain, un cri. Pas de doute possible, c'est la voix d'un homme. Les deux six cylindres se mettent à ronronner. A tribord, du côté de la proue, deux bras s'agitent. Roque est sauvé. A quelques encablures se trouve l'une des fosses les plus profondes des Caraïbes. Rien ne leur est épargné. Le gros temps les poursuit. Le 30 novembre, peu d'hommes ont entendu la radio annoncer l'échec du soulèvement de Santiago. Fidel, comptant accoster à cette date, avait ordonné cette action de diversion. Le Che étouffe, car son nécessaire contre l'asthme est resté à quai.

L'accostage du *Granma* s'achève par un naufrage

A 6 heures du matin, le dimanche 2 décembre, le « Granma » s'échoue dans les marais de Belic (Oriente).

Los Cayuelos, 2 décembre

Il est 6 h 05. Le *Granma* accoste, ou plutôt il s'échoue, dans les marais de Belic, à deux kilomètres des plages de Las Coloradas, à proximité d'un lieu appelé El Purgatorio. Plus tôt, le pilote s'est engagé dans le chenal de Niquero, vers l'endroit où Fidel a choisi d'accoster. Mais les bouées diffèrent d'avec celles des cartes. Il doute et s'en ouvre au *comandante*. Castro lui ordonne de poursuivre. Il est comme l'équipage : malade, épuisé, affamé. Un à un, ils quittent le bord en s'enfonçant jusqu'à la taille. La mangrove apparaît, lacis de racines, d'épineux. Inextricable. Le matériel le plus lourd est laissé sur place. Un avion apparaît. Il les mitraille, mais ils sont à couvert. Sur la terre ferme, huit hommes se sont égarés. Le Che est lucide : « Ce n'est pas un débarquement, c'est un naufrage. »

Pendant leur odyssée, Santiago s'est soulevé

Fondée en 1514 et chef-lieu de l'Oriente, Santiago de Cuba (200 000 habitants) a été la capitale de l'île jusqu'en 1598.

Santiago, 30 novembre

A l'aube, l'instituteur Frank País mène ses vingt-sept hommes vêtus de l'uniforme vert olive, arborant le brassard rouge et noir du M26-7. Ils incendient la caserne de la police nationale. Sans perdre un instant, ils foncent en direction du siège de la police maritime, le mettent à sac et pillent les armes. Des combats de rue s'engagent, ils rencontrent une résistance efficace, organisée, très dure. Depuis l'assaut du Moncada, les forces de répression comptent un corps spécial antiguérilla. Quatre cents hommes, bien entraînés et équipés en conséquence, se battent avec acharnement. Les combats se poursuivent toute la journée et une partie de la nuit. Frank País n'a pas voulu se frotter au Moncada, car ce soulèvement arrive trop tôt à ses yeux. Il était allé l'expliquer à Castro au Mexique. Selon lui, mieux valait attendre le début de janvier quand commence la *zafra*, la récolte de la canne à sucre. Les paysans peuvent organiser les grèves nécessaires au soulèvement général. C'était aussi l'avis de ceux du parti socialiste du peuple, clandestin, qui lui ont fait savoir que leurs effectifs de l'Oriente n'étaient pas préparés. Mais Fidel ne voulait pas en démordre. Ce jour, informée par câble codé envoyé au M26, Celia Sánchez attend sur les plages de Las Coloradas, depuis l'aube, avec les milices rurales de Crescencio Pérez, des guides, des jeeps et des camions.

De la cathédrale, des francs-tireurs tirent sur l'hôtel Casa Grande.

La répression batistienne ne laisse aucune chance à ses victimes.

L'aviation mitraille les rebelles dans les marais

La sierra Maestra est la région sud-ouest de la province d'Oriente, où les montagnes approchent les 2 000 mètres : un terrain prédisposé aux actions de guérilla.

Médecin, guérillero ? Le Che doit trancher

Alegría de Pio, 5 décembre
Les rebelles s'enfoncent à l'intérieur de la sierra, vers les hauteurs, sans contact avec le M26. Fidel conduit sa troupe de nuit. A l'aube, ils se sont mis à l'abri d'une cannaie. Un paysan les repère. La mitraille des batistiens les surprend à 16 h 45. C'est la débandade. Le Che entend son voisin, Arbentosa, hurler : « Ils m'ont tué. » Dans la cannaie, une voix parle de négocier. « Ici, personne ne se rend, bordel ! » hurle Camilo Cienfuegos. Alors que la cannaie brûle, le Che se replie, voit des armes et des médicaments. Que choisir, médecin ou guérillero ? Il ramasse les armes et se met à courir ainsi chargé ; une rafale le cueille, deux brûlures, à la poitrine et au cou. Il est entraîné à l'abri et soigné.

Les avions mitraillent les rebelles, dont vingt et un ont déjà trouvé la mort.

A la fin de l'année, le tableau est triste

El Cilantro, 31 décembre
Celia Sánchez est efficace, envoyant des messages aux bons endroits. Les femmes les cachent dans le calice de la *mariposa*, une belle fleur blanche, portée juste derrière l'oreille. C'est un *guajiro* (paysan) qui a permis la jonction de deux groupes, séparés depuis la déroute d'Alegría de Pio. Le Che retrouve Fidel. Les blessures du premier étaient sans gravité. Le bruit à couru que le second était mort, ce dont s'offusquait sa mère, sûre de la résistance de son rejeton. Le bilan est exécrable. Des morts, dont Nico López, celui qui avait le premier appelé Ernesto « le Che » ; pris, il a été abattu, désarmé. Il ne reste plus que dix-neuf hommes, les autres ont disparu ou ont été faits prisonniers (voir page 111).

1957

De 28 à 29 ans

Arroyo del Inferno, 17 janvier
Apprenant l'exploit du Che à Alegría de Pio, Fidel Castro a ces mots : « Le Che est *cojonudo* ["couillu"] ».

Camagüey, 8 février
Le yacht *Scapade* accoste à Nuevitas, avec Faure Chomón.

La Havane, 20 mars
Quatre rescapés du coup du 13 mars sont assassinés à leur tour pour le « massacre du 7, rue Humbolt ».

Sierra Maestra, mars
Le « cuistot » est envoyé au front par le Che car il voulait lui servir une double ration.

Sierra Maestra, 9 mai
Crescencio Pérez rejoint la guérilla avec 14 *guajiras*.

Santiago, 10 mai
Vingt-deux ex-membres du *Granma*, pris après l'accostage, sont condamnés à 9 ans de prison. Le juge Manuel Urrutia est contre le verdict.

Oriente, 24 mai
Vingt-sept combattants du parti *auténtico* débarquent du *Corynthia*. Dénoncés avant leur accostage, ils sont massacrés.

Sierra Maestra, 18 juillet
Les armes envoyées par Frank País arrivent dans des bidons d'huile.

Sierra Maestra, 22 juillet
Un manifeste signé par Raúl Chibas, Felipe Pazos et Fidel Castro appelle au soulèvement contre Batista.

Cienfuegos, 5 septembre
A la base navale, une rébellion épaulée par le M26 est écrasée par les loyalistes de Batista.

Cuba, 27 décembre
Le M26 détruit des installations de la Shell et de la Standard Oil.

L'armée rebelle pique ses banderilles

Fidel Castro, au centre du groupe, dirige et planifie sa stratégie. Che Guevara, en casquette, se trouve derrière lui.

Première offensive et première victoire

La Plata, 17 janvier
Une rafale de pistolet-mitrailleur crépite. Fidel donne le signal. En pleine nuit, les rebelles se ruent à l'assaut d'une garnison en bord de mer, à l'embouchure du *río* de La Plata. Il leur a fallu onze jours de marche pour atteindre l'objectif. La pluie, le froid – sur les hauteurs, la température approche zéro degré –, le *monte*, ce maquis broussailleux et dense, ne facilitent pas la marche. Leurs deux grenades n'éclatent pas. Raúl envoie un pain de dynamite qui ne produit aucun effet. Sous les tirs, le Che soutient Luis Crespo qui réussit à incendier une baraque. Panique dans les rangs. Les gardes se rendent et ne meurent pas. Sauf trois d'entre eux, cinq autres sont très atteints. Fidel laisse la vie sauve et tous les médicaments. Le butin est d'importance. Mieux, la victoire est totale. Durant le combat, à l'arrière, le régisseur d'un domaine, Chucho Osorio, la terreur des *guajiros*, a payé de sa vie son crime commis, un peu plus tôt, sur un fidéliste égaré.

La mort a rôdé autour du Che durant 18 jours

Sierra Maestra, 5 février
Raúl retrouve le Che retardé par une crise de malaria et des coliques qui s'ajoutent à l'asthme. Ces trois derniers jours, la marche lui était un calvaire, il est tombé, évanoui. Luis Crespo et Julio Zenón Acosta sont ses « béquilles ». Le 22 passé, au lieu-dit Arroyo del Inferno, il a tué un soldat. Le 19, l'ami Cienfuegos avait failli le tuer car le Che portait un casque batistien en guise de trophée.

Le Che a tué son premier soldat le 22 janvier. Devant sa victime, il est froid et clinicien : « La balle lui a percé le cœur. » Ici, avec une arbalète.

Fidel Castro orchestre les mass media du monde

New York, 24 février
La livraison dominicale du *New York Times* inaugure le premier des trois articles rapportés de la sierra Maestra par un reporter de 57 ans, Herbert Leonard Matthews. Vieux routier du métier – il a couvert la guerre d'Espagne –, Matthews signe un papier destiné à faire grand bruit. De sensibilité « anti-impérialiste », il est monté dans la sierra le 17 pour y interviewer Castro durant trois heures. Le *comandante* a veillé à le faire attendre à son arrivée, et ses rebelles ont fait de leur mieux pour passer et repasser, martiaux, au pas cadencé, devant l'Américain. De sorte que le visiteur crut la sierra occupée par une armée pléthorique. Fidel en rajouta, une « estafette » rompait leur dialogue pour informer le *jefe* des nouvelles des fronts. Il n'eut pas besoin de recourir à des artifices pour convaincre de son charisme, de la justesse de la lutte et de sa victoire inéluctable. Le scoop fait aussitôt le tour de la planète.

Le correspondant du « New York Times », Herbert Matthews, est reçu par Fidel Castro dans la sierra Maestra.

L'avant-garde illettrée suit les cours du soir

Sierra Maestra, mars
Le Che, en même temps médecin et lieutenant de l'armée rebelle, ne se contente pas de faire le coup de feu contre les soldats. Il a médité Mao au Guatemala et veut des guérilleros exemplaires, car ils sont le fer de lance et l'avant-garde du peuple en lutte avec eux pour abattre le tyran et construire la société nouvelle de justice et d'égalité. Un *guajiro* sans lettres peut-il être un modèle? Oui s'il sait lire. Ce bagage lui donne la conscience de la nécessité de lutter. Le Che donne donc des « cours du soir », après la lutte ou les marches épuisantes. De Zenón, 45 ans, qui l'avait tant aidé, mort le 9 février, il écrit dans son journal : « On en était à différencier le E du I. »

Le médecin des guérilleros soigne les civils

Sierra Maestra, mars
Depuis le débarquement, le souci premier des *barbudos*, ainsi appelés par les paysans de la montagne en raison de leur pilosité, est de se faire accepter par ceux au nom desquels ils luttent. Indispensables *guarijos*, guides dans le maquis et généreux quand vient la disette, informateurs des déplacements de soldats. Dans les villages, « radio bemba », le tam-tam local, ne parle plus que de ce médecin qui les soigne, eux qui en voient un pour la première fois. Le Che note les mêmes carences dues à la misère. Il se fait aussi *sacamuelas*, arracheur de dents. Camilo, qui n'en rate pas une, l'appelle *matasanos*, celui qui tue les gens sains. Ce souci des autres est garant du *triunfo*.

Quant à Raúl Castro, il profite de cours privés de français donnés par le Che.

Pour la première fois, ces paysans, stupéfaits, voient un médecin les soigner.

▷

La tentative de coup d'Etat contre Batista échoue

La Havane, 13 mars
Il est 3 h 20 de l'après-midi ce jeudi. Vingt-quatre hommes bien armés, pistolets-mitrailleurs neufs, sautent d'un camion de messageries et se ruent à l'intérieur du monumental palais présidentiel, par la porte sud. Quelques gardes surgissent, aussitôt éliminés. Cinq hommes ont avalé les quinze marches de la première volée de l'escalier qui grimpe au premier étage. Ils pénètrent dans la galerie des miroirs, courent sur leur droite. La porte qui donne accès au bureau présidentiel est fermée. Retournant sur leurs pas, ils longent un petit corridor mais ignorent un rideau de velours rouge tendu sur leur gauche, à proximité de la petite porte qui s'ouvre à quelques pas d'une table de bois massif sculptée aux armes de Cuba. Les cinq sont dans le bureau du président. Son fauteuil pivotant, bois et cuir gris-bleu, est vide. A sa droite, le chariot de la machine à écrire Underwood ne porte aucun feuillet. Le cabinet de toilette, tout de marbre blanc et ouvert à droite derrière la table de travail, est vide. Coïncidence, l'énorme téléphone en or massif qui trône devant le sous-main, cadeau de la compagnie ATT, sonne. Luis Gómez, l'un des cinq, décroche. Il n'écoute pas, affirme bizarrement : « On a fait justice à Batista ! » Ce dernier se porte bien pourtant. Averti à temps, il s'est évanoui derrière le rideau de velours qui dissimule un escalier et atteint le troisième. Ils sont vingt-quatre dans le palais, dont trois dans les galeries du jardin. Eloy Gutiérrez Menoyo, un républicain espagnol réfugié, est le coordinateur de ce commando et du groupe de vingt-cinq hommes resté en soutien dehors. Les soldats affluent aux deux premiers étages. A 3 h 26, le commando est exterminé. A l'extérieur, leurs camarades ne se sont pas battus. Les tracts destinés au peuple n'ont pas été distribués. A la même heure à la radio, le bureau de l'horloge parlante est investi par dix-neuf hommes conduits par José Antonio Echeverría, qui est aussi à la tête du directoire révolutionnaire estudiantin. C'est lui l'organisateur de cette sanglante journée, car il a planifié l'action anti-Batista. Il a lu son appel au peuple cubain avant d'être tué les armes à la main, près de l'université. Allié et concurrent, son succès aurait ruiné Castro.

Batista a réussi à fuir le palais présidentiel par une petite porte dérobée, à droite de son bureau situé au premier étage.

Le bureau de l'horloge parlante à la radio de La Havane a aussi été attaqué.

Pour la sierra, Castro impose la priorité

Sierra Maestra, juin
« Tous les fusils, toutes les balles, toutes les ressources pour la sierra ! » Castro ne ménage pas ses partisans de la ville pour leur faire admettre ses vues. Depuis le coup du 13 mars, le moment de serrer les rangs est venu. Il est encore difficile à Castro de peser sur les opposants à Batista, raison de plus pour montrer à ses émules citadins qu'ils ont un chef et un seul. Le *llano* (la plaine) rue dans les brancards. A Santiago comme à La Havane, ceux du M26 réclament une liberté d'action que la sierra de Fidel ne peut accepter. Sauf à laisser ruiner son action, qui n'est pas que militaire puisqu'elle s'adresse aussi politiquement aux populations. Les *barbudos* ont gagné leur pari. Ils étaient une poignée d'hommes peu armés, traqués et faméliques. Ils se comptent désormais 200 en armes, offensifs et affamés de victoire.

La bonne étoile dorée du Che, promu *comandante*

Sierra Maestra, 21 juillet
Peu nombreux sont les guérilleros qui peuvent apposer leur nom en marge de la lettre de condoléances rédigée par Celia Sánchez. Elle est adressée à Frank País, qui a eu la douleur de perdre son frère Josué, tombé sous les balles des sicaires de Batista à Santiago, le 30 juin. Alors que le Che commence à écrire son nom, Fidel lui dit : « Mets *comandante* ». Stupeur dans la troupe, le Che est tout interdit. Honneur au brave, il est élevé au grade le plus haut, égal à celui de Fidel. Il reçoit, des mains de Celia, l'étoile dorée José Martí, la décoration suprême. Enfin, il est gratifié d'une montre au bracelet de cuir noir, témoignage d'amitié. Pourquoi ces honneurs? Le 28 mai, les rebelles ont réduit la forteresse d'El Uvero. Sanglante victoire : 3 morts et 8 blessés. Alors que le doute s'installait, le Che est monté à l'assaut, tirant et hurlant : « Il faut gagner ! » Désormais, il est à la tête de la colonne Quatre.

La confiance entre Fidel Castro et Che Guevara s'est transformée en complicité. Fidel admire le courage du Che.

Frank País, du M26, est assassiné

Santiago, 31 juillet
L'énorme foule, évaluée à 60 000 personnes, se répand dans les rues de Santiago pour accompagner en sa dernière demeure la dépouille du populaire Frank País, 22 ans. Salas Cañizares et ses hommes de main l'ont abattu à l'angle de la rue San Germán et des allées Muro. País est mort pistolet au poing. A ses côtés, est tombé Raúl Pujol, du M26. Ils sont enterrés ensemble. Des bras anonymes et nombreux se relaient pour porter les cercueils. País est mis en terre vêtu de l'uniforme vert olive. En dépit de son jeune âge, País représentait un réel espoir pour l'opposition démocratique de Cuba. Il a été particulièrement efficace dans l'organisation de l'aide à la guérilla. Pour ceux de la ville, il a essayé de cloisonner le mouvement par sécurité. Cependant, quelques jours avant de disparaître, il écrivait à Fidel sur l'importance que prenait la plaine dans la lutte. Il attendait du *jefe* qu'il délègue des pouvoirs, afin de décider sur place, donc d'opérer plus facilement. Son credo était le refus de tout caudillisme, partout.

Le camp d'El Hombrito est niché au sommet d'une montagne

El Hombrito, août
Depuis la honte d'El Uvero, l'armée des *casquitos* n'ose plus s'aventurer dans les zones que contrôlent les guérilleros. A la fin du mois dernier, Fidel a demandé au Che d'établir un campement organisé en QG pour que la guérilla puisse disposer d'une logistique efficace ainsi que d'une infrastructure militaire et civile. La vallée haut perchée d'El Hombrito (le petit homme) a été choisie par Guevara. Il fait installer aussitôt les huttes qui abritent les guérilleros du froid et de la pluie. Rarement ils ont eu l'occasion de dormir sous un toit, fût-il de palmes, imitant Fidel qui, depuis son arrestation dans un *bohio* (hutte de paysan) après le Moncada, ne dort qu'à même le sol, enroulé dans des couvertures « à la belle étoile », ou dans un hamac. Le Che fait aussi creuser un four à pain et disposer un hôpital reconnaissable des autres constructions par un fier panneau. Y opèrent des infirmières, des médecins montés de la ville. Un générateur fait fonctionner le peu d'appareillage dont il dispose. Le camp accueille les guérilleros, dont le nombre s'accroît. Des colonnes de muletiers montent et descendent pour le ravitailler. Les *guarijos* de la montagne écoutent les discours de justice sociale, de réforme agraire et sur la terre qui doit revenir à ceux qui la travaillent. Ils soutiennent ces guérilleros qui offrent leur vie pour les libérer de leur misère. Dans son campement, la guérilla fait sa mue. Elle devient moins mobile et il faut penser à protéger sa sédentarité.

Le camp comporte une école, un magasin de chaussures, une armurerie, etc.

Une vérité sur la statue de la Liberté

New York, début août
Des exilés cubains ont déployé leur drapeau du M26-7 sur le front de *la Liberté éclairant le monde*, afin de témoigner des violences de Batista exercées sur leur peuple. Earl Smith, le nouvel ambassadeur américain à Cuba, était à Santiago le lendemain des funérailles de Frank País. Il a été pris à partie par un cortège de deux cents femmes, manifestant au cri de « Libertad ! Libertad ! ». Elles se sont adressées à lui pour exiger de son pays qu'il cesse de soutenir Batista. La police a alors chargé à la matraque, puis usé des canons à eau pour les disperser. « Témoignez ! » demande une manifestante. Smith, tournant le dos à la scène : « Je ne peux décrire que ce que je vois. »

Un verdict arraché sauve un meurtrier

Sierra Maestra, septembre
Lalo Sardiñas, courageux capitaine de guérilleros de la colonne du Che, revient de loin. Il a tué un homme de son revolver, lors d'une dispute. Le coup est parti par accident mais les lois de la guérilla sont strictes, nul ne peut infliger de châtiment corporel à un compagnon. Lalo inspire autant l'admiration que le rejet parmi la guérilla, et un début de révolte n'a pas tardé pas à sourdre. Un groupe de guérilleros exige du Che qu'il le condamne à mort. Un autre groupe réclame qu'on lui laisse la vie sauve. Le Che ordonne l'arrestation de l'accusé. Jusqu'ici, les manquements à la discipline étaient punis par la privation de nourriture pendant un jour ou deux. Le Che est embarrassé car les hommes aussi efficaces et braves que Sardiñas ne sont pas si nombreux. Il décide de plaider la clémence et rappelle la valeur de Lalo Sardiñas, ses faits d'armes. Il insiste sur les vraies raisons de l'acte fatal : Batista et l'injustice sociale. Les hommes passent au vote, secret, et déposent un bout de papier carré dans un casque. Une légère majorité se prononce pour la condamnation à mort. Fidel, par hasard sur les lieux pour une réunion avec le Che, obtient de plaider une fois encore. La nuit, dans la lueur des torches, il renverse l'opinion. Lalo est dégradé.

Les premiers grands combats dans la sierra

L'embuscade de Pino del Agua

Pino del Agua, septembre
A mille mètres au-dessus du niveau de la mer, les camions des *casquitos* ahanent sur une piste submergée soudain par des pluies torrentielles. Le premier véhicule s'immobilise sous le déluge de balles tirées par deux rebelles, bloquant de la sorte la colonne. Puis un tir nourri accueille les soldats, qui jaillissent alors des véhicules. Certains ripostent et tuent le poète José de la Cruz. Les autres se débandent. Le butin amassé est important. Ses nouveaux galons de commandant galvanisent le Che, qui est enfin reconnu, pour son plus grand bonheur, davantage guérillero que médecin. Et ces deux derniers mois, à Bueycito et à El Hombrito, il est devenu le *guerrillero heroico*. Il est aussi fin stratège. Sa tactique ? Mordre sèchement, puis prestement refluer. L'armée est désemparée.

Rencontre avec le méchant, Mosquera

Mar Verde, 29 novembre
Qu'ils sont beaux les héros quand ils pleurent. Javier Millán n'est pas près d'oublier l'image du Che étoilé, la tête enfouie dans les mains en pleurant la mort de Ciro Redondo, son jeune et brillant capitaine. Le lieutenant Angel Sánchez Mosquera est si acharné à vouloir détruire « le communiste argentin » qu'il semble que son avancement est assuré. Il est de loin le plus brave mais aussi le plus cruel des batistiens. Terreur des *guajiros*, qu'il torture à plaisir pour les dissuader de rallier la guérilla, il s'avance vers El Hombrito dont la défense rapprochée est impossible, faute d'armement lourd. Séparer ses hommes pour encercler l'ennemi, telle est la décision immédiate du Che. Après 11 heures de combats, le silence revient. Sous le feu, le Che a ramené un blessé de seize ans.

« El Cubano Libre », voix de la guérilla

Sierra Maestra, décembre
Le premier numéro d'*El Cubano Libre* sort tout frais mais pas très beau de la ronéotype des guérilleros. Le Che est éditorialiste politique. Il justifie le crève-cœur que représente auprès des paysans la destruction d'une centrale sucrière. Le titre rend hommage au journal des *mambisas* lors de la guerre d'indépendance. Organe de l'armée révolutionnaire, il pallie la censure plus fréquemment décrétée en Oriente qu'ailleurs. Son petit tirage est à l'inverse de l'impact psychologique produit sur le peuple.

Issue douloureuse à El Hombrito

El Hombrito, 8 décembre
Le camp est en cendres. Il ne reste que les parois, fumantes, du four à pain. Mosquera s'est ici vengé sans gloire. Pas un rebelle ne le défendait puisque le Che s'est installé à La Mesa depuis l'affrontement avec Mosquera le 29. Le camp qu'il bâtit sur des hauteurs est mieux protégé. Il y a un mois, pas assez dissimulé derrière son arbre, au cours d'un accrochage, une balle de M-1 avait troué son talon. Le Che a décidé de la porter au cou dès que le docteur Machado l'aura récupérée.

La nuit, l'œil de la mascotte poursuit Felix

Agua Revès, novembre
A même la paroi, la progression de la troupe est périlleuse. Le Che et ses hommes pistent la patrouille de Mosquera depuis plusieurs jours. Ils ont dépassé plusieurs hameaux en cendres. Dans l'un d'eux, déserté par ses *guajiros*, un chiot esseulé a décidé de les suivre, devenant leur mascotte. Il est soigné par Felix. Devant la difficulté du terrain, la bête se met à hurler. Le Che donne l'ordre à Felix de la faire taire. Une cordelette est passée autour du cou du chiot. Après des battements de la queue, des spasmes. C'est fini. Le soir, dans un *bohio* abandonné, ils dînent. Un vieux chien s'avance. La main de Felix esquisse une caresse. Soudain, l'œil du chiot les observe.

La politique, toujours présente sur le front

Sierra Maestra, 14 décembre
Fidel ne manque pas de mordant dans son communiqué : « Le M26-7 n'a désigné aucune délégation pour participer à des négociations et il revendique pour lui-même le soin d'assurer l'ordre public et la réorganisation de l'armée de la République. Son candidat est le digne magistrat Manuel Urrutia. » Il vient d'apprendre l'existence d'un pacte de sept groupes d'opposition signé à Miami, dont des dirigeants de son propre mouvement. Il devait réagir. Les succès de la guérilla et sa large notoriété, assurée par le scoop de Matthews, font réfléchir. En juillet, Raúl Chibás, un modéré, et, il y a peu, les communistes, en secret, se sont déplacés pour traiter avec lui.

1958

De 29 à 30 ans

La Havane, 23 février
Le M26 organise l'enlèvement « publicitaire » du coureur automobile argentin Juan Manuel Fangio.

Sierra Maestra, 3 mai
Après l'échec de la grève générale du 9 avril, la direction nationale du M26 est transférée dans le maquis. Castro est nommé secrétaire général.

Sierra Maestra, 20 juillet
Radio Rebelde diffuse le texte du pacte de Caracas (Venezuela), signé par Castro pour le M26 et par l'opposition. Ils appellent à la lutte armée et à l'établissement d'un gouvernement provisoire.

Yara (Sierra Maestra), 18 sept.
La colonne 1 de Fidel remporte une victoire là où Céspedes avait déclenché la première guerre d'indépendance.

Cuba, 10 octobre
La loi N° 3 portant sur la réforme agraire, rédigée par le juriste Humberto Sori-Marín, est signée par Castro. Le jour est choisi en hommage au « cri de Yara » poussé par Céspedes.

Sierra Maestra, 30 novembre
Depuis le 20 de ce mois, les colonnes de l'Oriente se battent et remportent la victoire à Guisa. L'armée rebelle s'ouvre la voie pour encercler Santiago.

Río Calabaza, 10 décembre
C'est au chalumeau fonctionnant à l'acétylène, car la dynamite fait défaut, que les rebelles sabotent les voies de communication.

Oriente, 19 décembre
Jiguani tombe aux mains des rebelles, pris par les fronts 1 de Fidel et 2 de Juan Almeida, alors que Caimanera est gagné par les forces de Raúl Castro.

Le mouvement des colonnes annonce l'existence des fronts

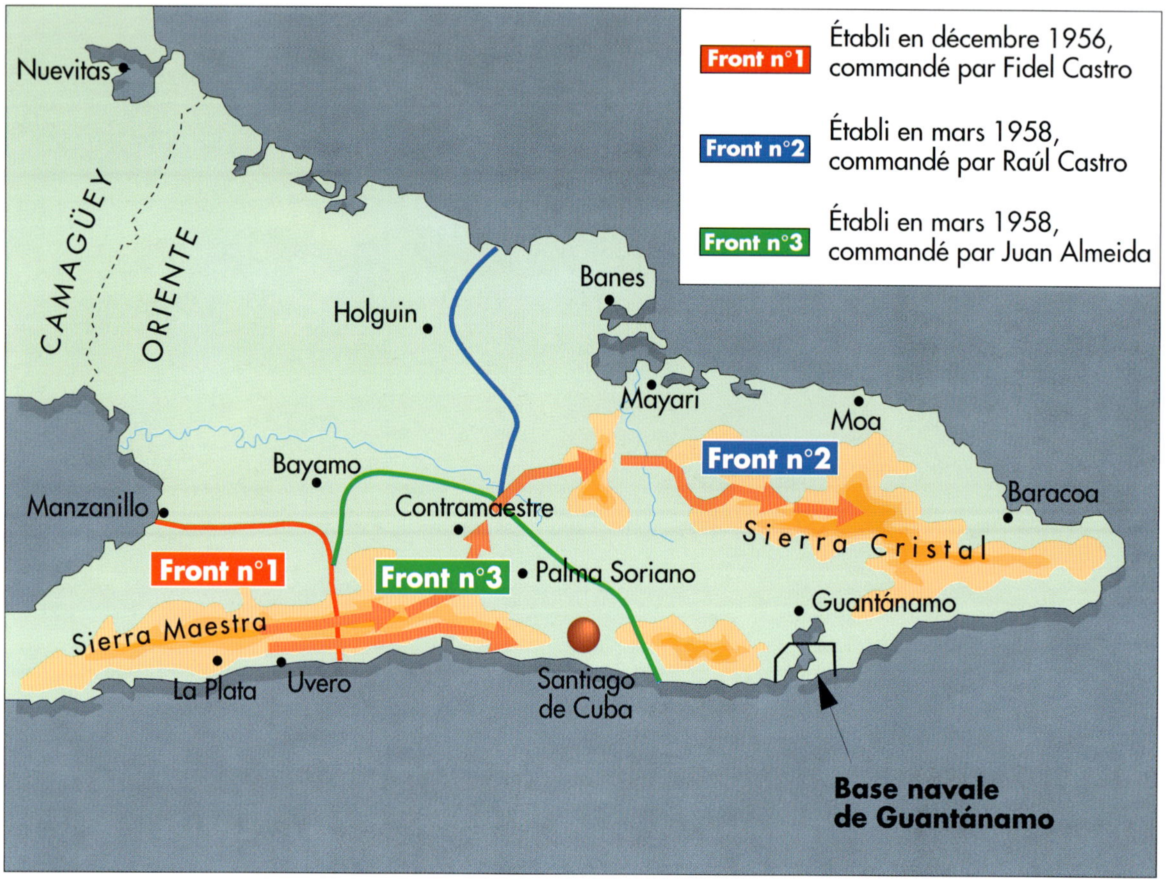

Oriente, avril
L'organisation de la guérilla évolue. Les renforts et les armes prises sur l'ennemi, ou envoyées par le *llano*, permettent à Castro, dès le mois de février, de créer deux colonnes, les 6 et 3, commandées par son frère Raúl et par Juan Almeida. Le mois suivant, il a ouvert un autre front, à l'est, dans la sierra Cristal, et un troisième autour de Santiago. Raúl dirige le front 2 avec six colonnes, Juan Almeida avec trois colonnes est sur le front 3. Les colonnes sont, à dessein, démultipliées : ils ne sont guère plus de 300 *barbudos*, il faut donc donner le change. Le rôle de la politique est déterminant dans cette évolution. Elle apparaît quand Fidel se décide à reconnaître le front du DR, concurrent en Escambray.

Batista lance l'opération *Fin de Fidel*

La Havane, avril
Batista se frotte les mains. Il vient de lancer l'opération *Fin de Fidel*, ou en code *F.F.* Dix mille hommes, soit 14 bataillons avec chars et canons, sont mobilisés. La situation militaire ne l'inquiète pas ; peu de forces sont engagées en terrain non stratégique. Par contre, son amour-propre s'est écorné quand Matthews a publié une photo avec Castro à ses côtés. Le président n'avait-il pas soutenu que l'interview était truquée ? Et le temps presse : l'ambassadeur Arthur Gardner se montre toujours bien disposé et les armes abondent, mais Washington le surveille. Enfin, le fiasco de la grève générale lancée le 9 par les guérilleros trop pressés ne peut que les avoir discrédités.

Batista entouré de ses officiers d'état-major au camp Columbia, à La Havane.

Le Che révolutionne la révolution dans les territoires libérés

Sierra Maestra, avril
La guérilla contrôle un territoire qui s'agrandit toujours. La découverte des *guajiros* est un choc car, bien que natifs de la même province que Fidel Castro, les dirigeants *barbudos* ignoraient tout de la réalité de la sierra. Le dénuement des paysans est total et leur psychologie simple pour le moins. Analphabètes, ils ont accumulé des siècles de résignation. Jusqu'alors, ils s'échinaient sur le lopin que le propriétaire pouvait à tout moment leur contester. La terre à ceux qui la travaillent, comment ne pas être séduit ? Hormis l'aspect physique et militaire de la guérilla, Che Guevara découvre la nécessité d'entreprendre la révolution sociale dans les territoires libres en même temps que la lutte afin d'abattre le régime d'exploitation. De ce fait, les guérilleros règlent leurs dépenses avec des coupons signés « Che ». De plus, la justice est appliquée sur les seules bases juridiques du « code » politique de la guérilla. Mais il n'y a pas de contestation radicale. Y en aurait-il une ? Qu'offrent donc ces révolutionnaires de si déplaisant ? L'éducation est gratuite pour tous : des villes montent des volontaires pour alphabétiser. L'hygiène, cette inconnue, est aussi propagée par des volontaires du secteur médical. Le débat politique enfin, quand le soir se déroulent les réunions publiques, forums ouverts à tous, pour discuter en priorité de la réforme agraire et en expliquer les buts et le sens.

Le camp de La Mesa est équipé et organisé pour vivre, se soigner, s'entraîner.

Radio Rebelde renforce l'efficacité de la propagande guérillera

La Plata, mai
Voisin du pic Turquino qui atteint presque deux mille mètres, un piton rocheux, La Plata, abrite le QG de Fidel. Il l'a aménagé selon le modèle du Che à El Hombrito et à La Mesa. Camouflée sous les arbres, *Radio Rebelde* est dotée d'émetteurs assez puissants pour être reçue à Miami et Caracas. Les populations entendent ainsi ce qu'elles ne savent pas lire ou ne peuvent pas car la censure sévit, toujours reconduite. Un journaliste, Carlos Franqui, ami de Castro et fondateur de *Revolución*, un journal qui paraît quand il peut, l'anime. Violeta Casal est recrutée, elle est la première voix féminine. Castro ne gâche pas son plaisir de laisser à d'autres le soin de donner les détails des victoires remportées. Dans sa première mouture, *Radio Rebelde* ouvrait le 24 février dernier. Elle avait été montée par le Che à Altos de Conrado. Haute de vingt mètres, l'antenne lui donnait fière allure. Orlando Rodríguez, journaliste à La Havane où il avait fondé *La Calle*, l'avait prise en charge. Dans son nid d'aigle, *el jefe*, devenu un expert en communication, tient l'instrument idéal de sa propagande.

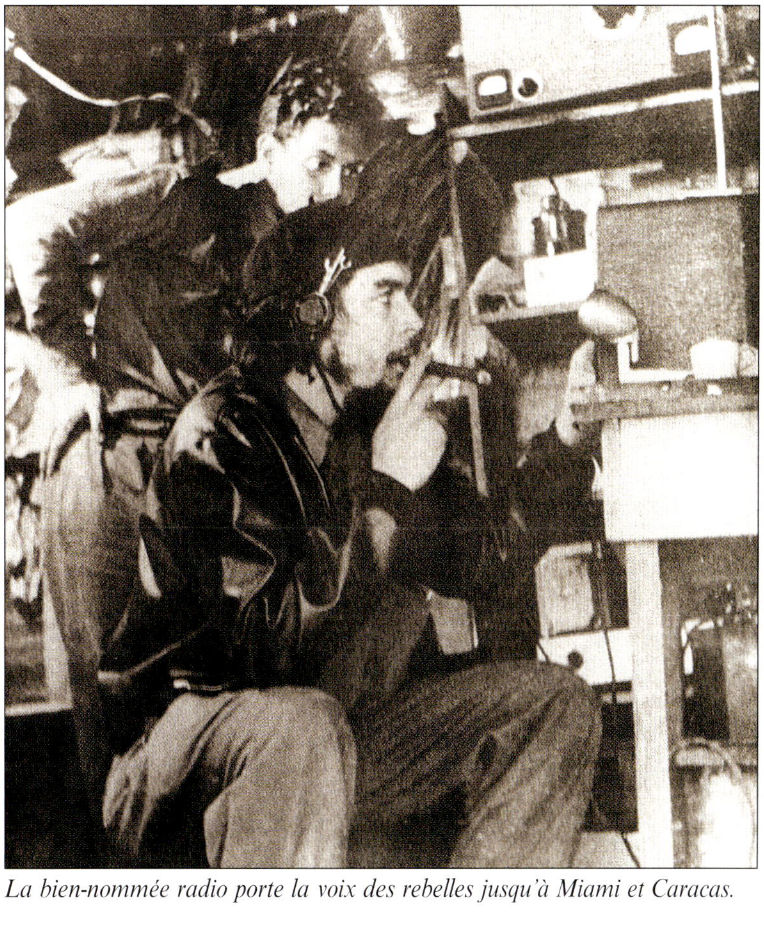
La bien-nommée radio porte la voix des rebelles jusqu'à Miami et Caracas.

Il piste son ennemi, Angel Mosquera

Altos de Aguayon, avril
Sur les sentiers que foule sa mule blanche, le Che se sent d'humeur maussade. Les *guajiros* sont excédés par les exactions de Mosquera. Il a quitté le camp, laissé aux mains de quelques guérilleros consignés. Il est presque désert ces temps-ci. La lutte contre le banditisme récurrent use les hommes et les énergies. Depuis une heure, une estafette l'escorte. Envoyée par Fidel, elle l'emmène faire le point au camp de Castro. Soudain, l'écho de détonations les réveille. Mosquera fait main basse à la *finca* Los González, où le Che comptait s'approvisionner. Il pique des deux. Une salve crachée par des Garand l'arrête net. D'un bond, le voilà à l'abri d'un arbre. Malheur ! son Beretta s'est enrayé. Une grêle de calibre 30 lui fait la fête. Panique. L'asthme s'en mêle. Il se sent tout à coup *cobarde* (couard). Les soldats l'encerclent et le forcent à réagir. Son pistolet, qui le nargue, tombe. Bien décidé à en finir avec panache, il le ramasse, zigzague vers un roc et pointe son arme. Tout près, apparaît assez à l'étourdie un *guajiro* juste pubère. Il observe, silencieux. Mais à deux les problèmes sont beaucoup moins lourds, son fusil l'a compris, qui se remet à aboyer. L'éphèbe tire et les casqués hésitent. C'est assez pour déguerpir.

Le Che improvise une école militaire

Minas del Frio, mai
Le Che ouvre une école pour former les recrues. Les apprentis guérilleros qui lui arrivent, envoyés par ceux de la plaine, sont des citadins jeunes mais non entraînés physiquement, sans la moindre idée de ce qu'est la guérilla, sans expérience de la vie sauvage. Or ils se trouvent tout à coup lâchés en pleine nature sur un terrain ardu. Du jour au lendemain, ils doivent s'adapter aux règles de survie, à l'absence totale d'hygiène. De neuf vêtue, la bleusaille endure les quolibets des anciens. Un détail amusant au regard des séances de crapahutage, des heures sac au dos et au galop. Ne manger qu'une fois par jour, dormir à la dure, les débuts confinent au cauchemar. ▷

Les femmes présentes partout dans le maquis

Celia Sánchez, efficace agent de liaison entre Santiago et la sierra Maestra.

Vilma Espín, proche de Raúl, est une dirigeante du Mouvement du 26 Juillet.

La Plata, juin
Depuis la bataille de Las Mercédes, un bataillon féminin est en action. Son nom, *Marianas Grajales*, est tout un programme. C'est celui de la mère du *libertador* Antonio Maceo. Fidel n'a pas hésité. Le courage et la générosité des femmes qui partagent les mêmes souffrances ne peuvent qu'en faire des guérilleras. Ainsi des Celia Sánchez et Vilma Espín, qui sont toutes deux proches des Castro. Mais aussi Lidia Riego, la « Vénus » de la sierra, et sa sœur Isabel. Quand Fidel les a vues, emmenées par le Che, portant leurs énormes *mochilas* sans broncher, il les a recrutées. D'une balle de M-1, Isabel a percé une pièce à 50 mètres. L'exploit lui a rapporté ses galons de capitaine.

Même dans la sierra, le Che se procure la boisson argentine, le maté.

Malgré son asthme, le Che fume. Il se convertit vite aux cigares cubains.

Le triomphe de la guérilla claironne la fin de *F.F.*

El Jigüey, 21 juin
Les révolutionnaires ont remporté une victoire décisive, après 11 jours de combats. Dépêchée en Oriente pour y écraser cette petite mouche des montagnes dont les chiures n'en finissent pas de maculer son blason, l'armée défaite perd une hécatombe d'hommes mis hors de combat, un char et d'innombrables armes. Sauf celle de Raúl qui est restée dans la sierra Cristal, les colonnes étaient engagées depuis le 25 mai dernier. Incessants, les bombardements au napalm n'ont pas brisé les rebelles. Mais la puissance de l'ennemi, dix-sept fois supérieur en nombre, était compensée par la foi de martyrs, le harcèlement et aussi l'intelligence. A Jibacoa, Camilo, chipant une radio, a ordonné aux avions de bombarder les leurs. Les *casquitos*, repoussant les rebelles vers les hauteurs, ont lancé des offensives autour du QG de La Plata avec pour tactique de les prendre en tenaille. Le 19, parti à la rescousse de Fidel, le Che a bien failli tomber dans un guêpier, mais un compagnon a réussi à l'informer *in extremis* de l'arrivée de soldats. A San Domingo, ils étaient près de se faire écraser. Lalo Sardiñas a justifié la confiance de son chef qui l'avait sauvé de la cour martiale. Il s'est battu en républicain espagnol armé de sa foi : *« No pasaran ! »*. El Jigüey, Las Vegas de Jibacoa, Meriño, Las Mercédes, des noms improbables en cartographie ; les voici légendés en capitales. Et la guérilla compte un heureux, le Che a 30 ans et 7 jours.

La guérilla est prête à bondir vers l'ouest

Sierra Maestra, 21 août
« Le commandant Ernesto Guevara reçoit mission de conduire de la sierra Maestra à la province de Las Villas sa colonne. » Camilo, chef de la colonne 2, doit se rendre à Pinar del Río. Castro passe à l'offensive. Le 6 août, Batista avait annoncé la fin du plan *F.F.* Mille hommes sont engagés dans les rangs de la guérilla. Fidel est expert en communication : les 450 prisonniers remis aux mains de la Croix-Rouge par les soins du Che et en grande solennité lui ont permis de le prouver. L'opinion ne jure que par les guérilleros.

Les Américains s'interrogent sur la nécessité de soutenir Batista

Arthur Gardner (au centre) n'est plus l'ambassadeur américain depuis juillet.

Etats-Unis, août
L'opinion publique américaine a pris conscience de la gravité de la situation cubaine. Le 18 juillet, les derniers des 49 otages américains, enlevés par Raúl en juin, ont quitté la sierra Cristal. Fidel, pour rendre crédible son action contre Batista, a joué la modération. Preuve est faite que les bombes qui sont lâchées sur les campagnes sont chargées sur la base de Guantánamo, et que, bien qu'un embargo de façade l'interdise, des armes sont livrées à Batista. A la Maison Blanche, l'option favorable au dialogue avec Castro est mise en avant. Un conflit avec les fidélistes menacerait les intérêts américains. ▷

Les éléments naturels compliquent leur avancée

El Obispo (Escambray), 16 octobre
Les 145 rebelles – 3 ont été tués en cours de route – contemplent les crêtes bleutées de l'Escambray. Elles sont les petites sœurs de la Maestra. Ils ont bien mérité le bain dans le *río* glacé. Le Che et ses hommes de la *Ocho*, la Huit, une numérotation de fantaisie, appelée Ciro Redondo, se sont mis en route le 30 août. Pour atteindre les monts de l'Escambray qui dominent Santa Clara, dans la province de Las Villas, 47 jours leur ont été nécessaires, à pied et au rythme de 12 à 15 km par jour alors que le Che avait prévu 4 jours de route. Tout s'est ligué contre eux. La nuit du départ, l'avion chargé de leurs armes s'est fait repérer : durant sept heures, les bombardements ont fait rage ; plus d'appareil, d'essence, de camions. Le lendemain, Ella leur a causé bien des misères. Son nom sympathique cache sa dure réalité cyclonique. Ella a ravagé l'île et a submergé tout ce qui s'opposait à sa furie, rendant les pistes et les routes impraticables, à l'exception de la route centrale sur laquelle circule l'armée. Des bombardements et des combats ravageurs, la faim et la soif, sept semaines de souffrances. Deux fleuves, dont le *río* Cauto, deux cents mètres de large et en crue, traversé sur un bac le 3 septembre. La nature est riche : après les orchidées de la Maestra, elle offre les *marabus*, ces épineux venus d'Afrique, hauts de trois mètres, utilisés par les *guajiros* comme fils barbelés. Des marais, à perte de vue, putrides et nauséeux. Trois jours d'affilée, ils ont pataugé, coincés entre l'armée et la mer, sur une lagune interminable. Des pluies tropicales, donc torrentielles. Elles gênaient les soldats ; les rebelles bien davantage quand ils n'avaient aucun abri. Après Ella, Fifi et Janice. Les cyclones se suivent comme les lettres de l'alphabet. Pour garder la main, les guérilleros s'engagent dans des combats meurtriers. Camilo, chef de la *Dos*, identifiée à celle d'Antonio Maceo, et ses 82 hommes ont croisé la route du Che et combattu l'armée. Au nord de Santa Clara, il est l'autre mâchoire qui doit la briser.

Depuis le début de l'été, cyclones, tornades et ouragans se succèdent. Les fleuves débordent, les routes sont défoncées.

Quand le terrain le permet, les mules sont d'un grand secours pour tous.

Les routes étant contrôlées par les « casquitos », la guérilla emprunte les pistes.

Dans l'Escambray, la priorité du Che est politique

Le Che mal à l'aise dans les négociations

El Pedrero (Escambray), octobre
Le Che est devenu indispensable à Fidel. Il a mission d'engager, avec les mouvements politico-militaires dans le maquis, des négociations. C'est dire la totale confiance que le *jefe* lui accorde. Le terrain est miné. L'opposition à Batista diverge selon les origines sociales des acteurs. Il ne s'embarrasse pas du DR, en proie à une scission de droite : Gutiérrez Menoyo, financé par Prío, s'oppose à Faure Chomón. Le Che reçoit le PSP, *la organización auténtica*, qui est conduit dans le maquis par Felix Torres et qui a donné un coup de main aux troupes rebelles. Avec le M26, fidéliste par excellence, dirigé dans le maquis par Victor Bordón, les débuts sont difficiles. Il le pousse à se fondre dans sa colonne. Le Che choque par sa raideur, affichant son dégoût du compromis, son rejet du réformisme. Il est pressé. Ainsi a-t-il critiqué, sans se gêner, les accords signés par Fidel avec les modérés.

Victor Bordón, le chef du M26-7 dans la province de Las Villas, est l'un des négociateurs qui rencontrent le Che.

L'ultime offensive est déclenchée

El Pedrero (Escambray), décembre
Le Che organise son maquis dans l'Escambray à la mode de la sierra Maestra. Il ouvre une école pour former les recrues qui vont lutter afin de couper le pays en deux et prendre Santa Clara. A cette fin, Fidel donne ordre à Camilo de se ranger sous les ordres du Che, « qui suscite le plus grand enthousiasme et de confiance dans le peuple ». Le charisme du Che est à son zénith. Son audace, son sens de la justice, son dévouement pour les faibles lui assurent un franc succès. Il n'a donc eu aucun mal pour convaincre les Cubains de boycotter la mascarade de l'élection présidentielle qui a eu lieu le 3 novembre. Batista, qui ne peut se représenter, avait sorti de son chapeau un candidat potiche, Rivero Aguero. Moins de 20 % sont allés voter. Surtout, le Che proclame la réforme agraire sur le texte signé par Fidel en octobre. Il organise des sabotages avec ses troupes d'élite.

Des opérations de sabotage sont organisées partout et les rails de chemins de fer sont découpés au chalumeau.

Le peuple se soulève et pousse l'armée rebelle

Des butins de guerre impressionnants : des quantités d'armes et de munitions, fournies aux batistiens par les Américains, passent aux mains des rebelles.

Les bombardements aériens font rage

Fomento, 18 décembre
Victoire enfin, la première depuis que le Che a lancé son offensive sur Santa Clara. Il s'agit de faire le vide autour de la capitale provinciale, de la couper de tout. Engagée le 15, la bataille fut rude ; l'aviation est entrée en scène, pilonnant la ville, ignorant sa population : dix-huit morts. S'ils étaient craintifs, les civils savent vers qui se tourner désormais. L'usage de la destruction systématique et aveugle frappe les esprits. Le mot *revientamanzanas*, c'est-à-dire « à tout démolir », circule sur toutes les bouches, tordues d'indignation. Le Che s'était fait maudire, le 16, par le chef de la garnison, le lieutenant Inte Reynaldo Pérez Valencia, qui, sûr de lui, tablait sur la supériorité numérique de ses troupes, 120 pour 40. DR et M26 sont de la partie.

Camilo Cienfuegos, ici avec Angel Fria, dirige la dure bataille de Yaguajay.

Plus d'armes que de guérilleros

Placetas, 23 décembre
Le lieutenant Pérez Valencia est heureux du bon déroulement des opérations. La garnison de Placetas a décidé de rendre les armes, elle est démoralisée. Cinq jours plus tôt, il était à Fomento. Il a choisi, lors de sa reddition, de passer avec armes et bagages au côté des rebelles. Il se félicite de la décision des officiers de Placetas. A peine le drapeau blanc est-il agité que toutes les cloches sonnent à la volée. La liesse est à la mesure du soulagement. Un carnage a ainsi été évité. Placetas, à 36 km de Santa Clara, est peuplé d'environ 150 000 habitants, et est la plaque tournante des communications dans l'île. La vitesse de sa progression surprend le Che. Depuis le 18, il a déjà libéré Sancti-Spiritus, Guyos, Cabaiguan. Il fonce sur Yaguajay.

à triompher dans la lumière de Santa Clara

Chaque jour, les rebelles gagnent du terrain. A Yaguajay, dernier bastion avant Santa Clara, la population se mobilise et participe activement aux combats.

La population civile prend les armes

Yaguajay, 23 décembre

La garnison investie par la *Dos* de Camilo résiste encore. Qu'importe, elle finira comme les autres. Le Che, qui vient d'arriver pour lui prêter main-forte, en est convaincu. La preuve ? La liesse des populations qui l'entourent. Croiser le regard du héros, le gratifier d'un mot, d'un sourire. Camilo n'en revient pas. Il lui promet de le mettre en cage afin de l'exposer et gagner des sous. Le rôle des civils dans ce *blitzkrieg* n'est pas négligeable. Ils participent à la lutte, érigent des barricades. Plus symptomatique, à Sancti-Spiritus ils ont incendié les symboles du régime. Le Che veut calmer le jeu, éteindre un foyer d'anarchie néfaste à la juste cause. Le 21, le congrès des ouvriers et exploitants de la canne à sucre était présidé par Camilo.

Zobeida Rodriguez, une combattante qui impressionne le Che

A Fomento, Zobeida, dite Mimi (3e à partir de la gauche), s'affronte au Che.

Yaguajay, 23 décembre

Pétillante, pétulante et potelée, les yeux noirs aussi vifs que son verbe est leste, « la Mimi » est célébrée à l'égal d'une vedette. Il s'en trouve peu à l'appeler par son vrai nom, Zobeida Rodriguez. Elle est de tous les coups, monte au feu avec son Garand sans barguigner. Elle en est tellement fière de son fusil. Elle l'a reçu à Fomento des mains du Che. Ce n'était pas gagné d'avance. Ça commençait même à barder. Le Che la tançait de s'être exposée armée de l'escopette de papa. Camilo, riant à perdre haleine, plaida sa cause. Le Che, radouci, affirma qu'elle était la seule femme « à en avoir ». Aussi, quand il lui demanda de recoudre ce qui lui servait de pantalon, Mimi se trouvait en terrain familier. Allant droit au but, déplaçant les choses du bon côté, elle cousit à même la bête, et partit le cœur sur la mire du fusil. ▷

Des heures baignées de romantisme cruel

L'université, refuge des guérilleros

Santa Clara, 28 décembre
QG provisoire, l'université n'en est pas moins un lieu stratégique de premier plan. Elle permet d'entamer la conquête de Santa Clara. Il n'était pas facile de pénétrer dans la ville sans s'exposer aux trois mille soldats surarmés. La nuit, le Che et ses hommes se sont infiltrés suivant un chemin vicinal que Nuñez Jimenez, un géographe, avait repéré sur une carte d'état-major. Prévoyant, le Che a confié au *barbudo* Fernandez Mell l'organisation des secours. Ce matin, il pleut des bombes.

Sa rencontre avec la belle Aleida

Santa Clara, 28 décembre
L'agent de liaison Aleida March, membre du M26, doit aux casqués de se retrouver au côté du Che. Depuis quelques semaines à peine, elle est sa collaboratrice directe. Elle était montée dans l'Escambray en mission d'information, pour rendre compte de la situation politique et sociale en vue d'une grève. Mais elle dut renoncer à repartir, les accès étant bouclés. Jolie et vive, elle a du charme. Dans un mois tout juste, la bonne camarade fêtera ses 25 ans.

Ce n'est pas lors d'un combat qu'il s'est blessé mais par pure maladresse.

Guevara chute dans le feu de l'action

Santa Clara, 29 décembre
Il est au four et au moulin, le Che. Toujours sur la brèche, mais jamais fatigué. Un coup de feu ici, un coup de main là. Il voit tout et surveille tout. Il ne passe pas inaperçu non plus. Il circule dans une Toyota rouge. A pied, il n'est guère plus discret, il force à se retourner. Il a belle gueule, le rebelle ! Son béret fait saillir une chevelure ondoyante, alors qu'un cigare sans fin souligne le rien d'ironie de son sourire. En harmonie avec les circonstances, il promène son bras plâtré qui justifie une interminable écharpe noire du plus bel effet, prête, on en jurerait, à ceindre le col d'une belle. Le 20, à Cabaiguan, monté la nuit sur une terrasse, cet empoté s'est arrêté sur une antenne de télévision. Sous le choc qui lui a valu une estafilade à l'arcade, il s'est pris les pieds dans un cactus. Pour donner du piquant à sa maladresse, il chut. Poignet luxé. Ces jours romantiques mais cruels ne le détournent pas de ses qualités maintes fois prouvées. Il donne du temps aux blessés. L'un d'eux, c'est poignant, lui serre le bras, explique qu'il est tombé par pure discipline, allant chercher le fusil là où il était. Chez l'ennemi. Un mot choisi, tout de fraternité, le Che donne sa parole de le venger. Sus au train blindé !

Aleida March, agent de liaison du M26-7, est recrutée par Che Guevara.

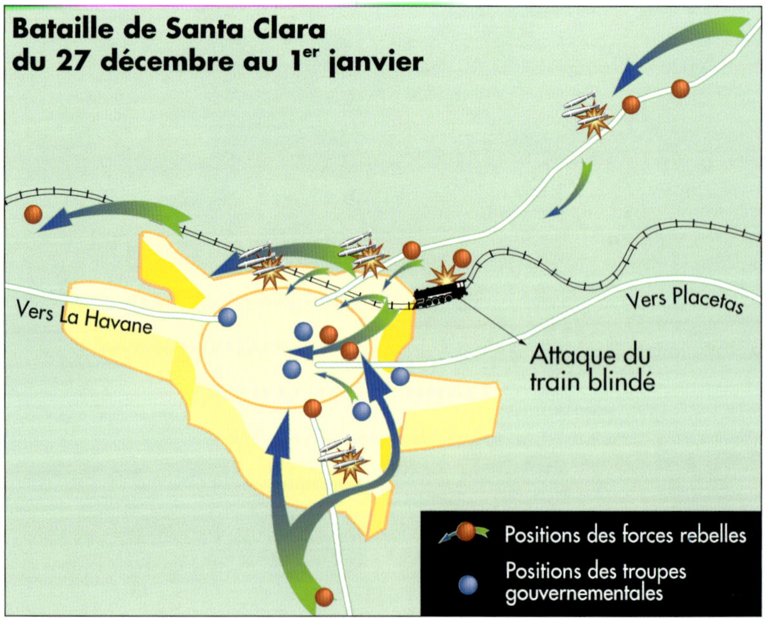

La victoire se dessine mais exige un lourd tribut

Le train blindé devait venir à la rescousse de Santa Clara. Le sabotage des voies l'a fait dérailler et le véritable arsenal qu'il transportait a changé de mains.

Le train était l'arme supposée absolue

Santa Clara, 29 décembre

Il est 7 heures du soir. Le Che sourit au monstre de fer : 17 wagons blindés tractés par deux locomotives qui crachent le feu. La veille, il a fait arracher les rails sur vingt mètres. Son commando suicide, *Mau-Mau*, référence aux insurgés kenyans tout autant qu'incantation vaudou, s'est rendu maître de la gare ce matin. Une escouade rebelle approche. Des soldats qui prenaient l'air au-delà du ballast courent s'abriter dans le ventre du monstre, qui se met en branle, se tortille, souffle, siffle et mugit. Un instant puis stridences, ferrailles, enchevêtrements. La bête s'effondre et, impudique, offre ses flancs. Les rebelles la taquinent au petit calibre, découpent des tranches de toit. Ils enflamment ses entrailles. Les casqués suintent. Ils sont cuits.

Depuis le 18 décembre, le Che s'adresse à ses hommes après chaque victoire.

A minuit, seules trois places résistent

Santa Clara, 31 décembre

La population a pris sa part dans les combats, piquée au vif par les bombes, stimulée par les barricades qui ont poussé comme des boutons de fièvre. Dans les rues, ici et là, des résistances, inutiles et désemparées. Trois points résistent encore. Ceux qui ont tout à perdre et déjà tout perdu : l'honneur depuis longtemps et l'avenir en ce moment. Le poste de police spécialisé dans la torture, hanté par les cris de ses victimes qui se confondent désormais avec ceux des bourreaux. Au Gran Hotel, le sénateur Masferrer, ex-communiste, sicaire patenté de Batista, résiste avec son gang. Les rebelles piaffent devant la caserne ; ils accusent des pertes, celle d'*El Vaquerito*, Roberto Rodriguez Fernandez, le chef *mau-mau*, à l'audace folle de ses 23 ans.

AGUA
O.P
FRESCA

1959

De 30 à 31 ans

La Havane, 8 janvier
Lors de son discours à son arrivée, Fidel fustige le M26 et prend plusieurs fois à témoin Camilo Cienfuegos : « Ai-je raison Camilo ? » La foule vibre et reprend les paroles du chef.

La Havane, 18 janvier
Camilo Cienfuegos dissout les forces de répression de Batista.

La Havane, 21 janvier
Premier discours du Che, intitulé opération *verdad* (vérité), sur le balcon du palais présidentiel.

La Havane, 14 mars
Par décret, la Compagnie de téléphone de Cuba baisse ses tarifs.

Gaza (Egypte), 18 juin
Nasser proclame le Che « grand libérateur des opprimés ».

Yougoslavie, 16 août
Dans l'avion qui l'emmène de Belgrade à Colombo (Ceylan), Che Guevara lit dans un journal anglais que Tito, qui lui a refusé des armes au motif qu'il n'en avait pas, venait d'en vendre à un pays arabe.

La Havane, 16 août
La Compagnie cubaine d'électricité baisse ses tarifs.

La Havane, 8 septembre
De retour au pays après son long périple, le Che déclare : « La diplomatie est l'art de ne pas allier les actes à la parole. » Son souvenir le plus mémorable est sa visite à la chapelle Sixtine au Vatican. Allongé sur un banc, il y a admiré le plafond de Michel-Ange.

Cuba, 12 novembre
Castro annonce officiellement la disparition de Camilo Cienfuegos, à bord d'un avion le mois dernier.

La ville de Santa Clara est tombée

Le 2 janvier, la caserne Leoncio Vidal s'est rendue. Lors de la bataille, des tanks Sherman ont été capturés à l'ennemi.

Batista doit partir en exil

Camp de Columbia, 1er janvier
Deux heures du matin. La nuit de la Saint-Sylvestre couvre un départ programmé. Les Batista s'envolent. Foin de Miami, l'Amérique déteste les vaincus. Leonidas Trujillo, le bon voisin dominicain, peut les consoler.

Les derniers bastions militaires sont tombés

Santa Clara, 1er janvier
La caserne Leoncio Vidal, ultime carré de résistance, a accepté de se rendre à midi. Tout de psychologie latino-américaine, pour faire plier l'honneur des capitaines, le Che leur a expliqué que les Yankees étaient sur le point de débarquer : « Vous aurez aussi à répondre de cela. » A trois heures, Fidel Castro lançait un appel à la grève générale, répondant ainsi au général Eulogio Cantillo qui annonçait la formation d'une junte. A six heures, Santiago était libéré. Hier soir, Camilo, son sourire et son chapeau, enfin dépêtré de la fichue caserne de Yaguajay, s'est précipité pour rejoindre son frère d'armes.

Les troupes de l'armée rebelle sont en formation pour inspection, avant de poursuivre leur chemin vers La Havane.

Le Che, Camilo et Fidel atteignent enfin La Havane

La Havane, 8 janvier
L'océan relève ses crêtes et il n'en revient pas. La houle, la marée, les déferlantes sont là-haut, sur le *paseo* Malecón, la promenade havanaise qui emmêle, les jours ordinaires, les pêcheurs aux camelots, les flâneurs aux amoureux. Fidel y reçoit un triomphe à la romaine. Le carnaval est en avance, c'est tant mieux : un peuple métissé ne naît-il pas de la fête ? Celle des sons, des corps et des couleurs. Par une délicatesse de ses amis, Fidel est entraîné sur une île de tranquillité, le *Granma*. L'esquif roule sur les rires et tangue sur les larmes. Il y a 25 mois qu'il attend de chavirer avec ces énervés entêtés qui s'étaient juré de « vivre libres ou d'être martyrs ». Le 3 janvier, le Che a retrouvé Camilo, arrivé la veille pour recevoir la reddition complète des casqués. Le DR qui faisait mine de s'installer au palais inoccupé n'a pas gâché leur fête. L'ivresse d'un bonheur canaille leur a joué un tour de *santeria* (vaudou), les voici frères, non point de sang mais de coiffe.

Camilo Cienfuegos et Che Guevara, les artisans de la victoire, s'échangent leurs couvre-chefs désormais symboliques.

Le Che remercie ses hommes pour les efforts qu'ils ont fournis durant 48 mois.

Pour son arrivée, Fidel est gratifié d'une petite croisière sur le « Granma ».

Le régime de Batista a encouragé le capital

américain dans un pays rongé par la misère

▷

La Havane, paradis factice des riches Américains,

enfer de la grande majorité du peuple cubain

▷

Emouvantes retrouvailles pour la famille Guevara à La Havane

De gauche à droite, on reconnaît Aleida, Celia (à la droite de son fils), son frère Juan Martín et son père, Ernesto.

Aéroport de La Havane, 9 janvier
Ernesto Guevara Lynch fléchit un genou sur le tarmac. Il confirme ici le baptême révolutionnaire avec un baiser : exit Rancho Boyero, José Martí entre dans la lumière. Celia de la Serna fond en larmes ; à ses côtés, le petit dernier, Juan Martín, 14 ans déjà, et Celia, dite Celita. Qu'il a changé ! La barbe, même clairsemée, durcit l'indompté. Leur Ernesto est souriant mais grave. « J'ignore où je laisserai ma peau », dit-il aux siens, anxieux. Il leur a beaucoup écrit, avec une pudique rudesse. Donnant du *Queridos viejos* (chers vieux), à l'un il renvoyait son détachement, à l'autre la fermeté.

Il a aimé Hilda pour ses vues politiques, la révolution les sépare

La Havane, 21 janvier
Moi, Hildita, trottine au bras de ma maman. Où est-il à la fin ce papa dont on me parle chaque jour que Dieu fait ? Je sais même pas si je l'ai vu au Mexique où je suis née. Tiens, il pique mais ses baisers sont doux. Tiens, papa n'embrasse pas maman autant que moi. Le grave visage inca de ma maman se crispe, sa grosse lèvre se met à trembler, ses narines sont dilatées, c'est pour retenir cette larme, cette autre, encore une autre. Papa détourne son regard, il m'offre un sourire, pas terrible je dois le dire, presque figé, au moins autant que son regard dont le noir si vif et qui m'a tant frappée tout à l'heure se délave et s'estompe dans l'immobilité. Voyons, mettons un pied, et puis non, les deux sur cet affreux gros soulier pas ciré. Sa main sur mon dos m'écrase sur sa cuisse. J'y vois rien mais j'entends. Zut, pas compris son nom. Ah, bons camarades... me voir (ben voyons), quoi ? di...vorce. Il pleut. Si j'aurais su, j'aurai pas venu au Mexique.

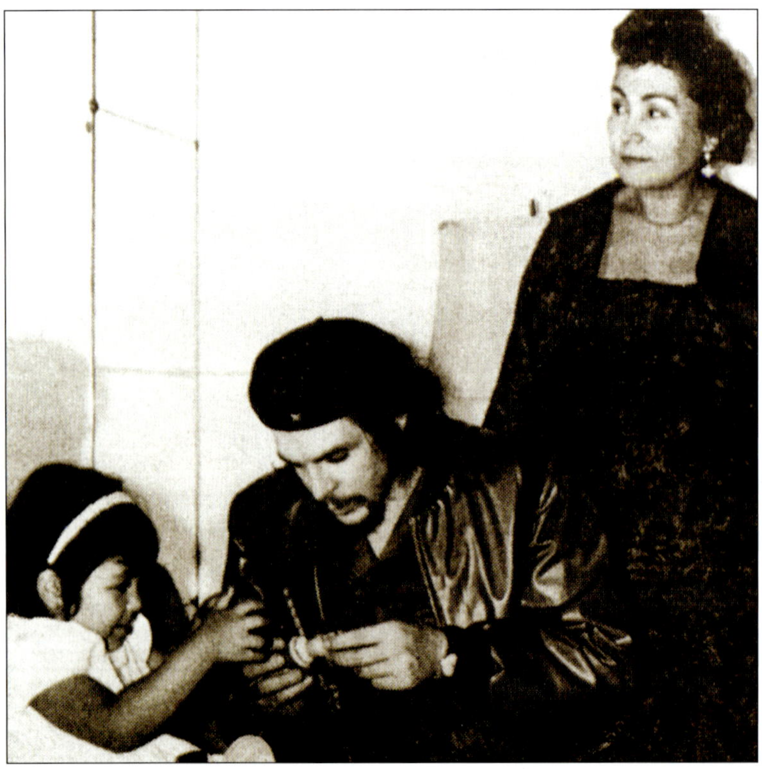

Il retrouve Hilda pour divorcer. Elle habite La Havane, pour qu'il voie Hildita.

La révolution est au service du peuple

La Havane, 16 janvier
Ni sa famille ni la *pachanga*, version cubaine de la *fiesta*, ne détournent le Che du but qu'il s'est assigné depuis longtemps, la révolution. Il n'a pas pris le temps d'aller à la rencontre de la ville qui, dans son errance, a fini par concrétiser la mission qu'il s'est fixée. Dès son arrivée, le DR, privé par Castro du plaisir d'entrer à La Havane en libérateur, appelait aux armes et se barricadait dans le palais présidentiel. Camilo voulait les en déloger au canon. Mais le Che a choisi de parlementer. Dans son discours mémorable du 8, Fidel l'a jeté en pâture au public ravi. Le DR a fini par rallier le M26. Après la désignation d'Urrutia à la tête de l'Etat, le 5, le Che s'installait à la Cabaña, la forteresse construite par les Espagnols pour protéger le port. Lui doit y protéger le peuple en le débarrassant des derniers fanatiques de l'ancien régime. Il doit juger et condamner et exécuter. L'austérité du lieu et de la tâche, la nostalgie, déjà, de la poudre et de sa fraternité, le vertige au pied de l'épreuve, le rembrunissent. Et cette malédiction d'asthme le tourmente. Il se montre cassant et pressé. Il raille les tièdes et se méfie des communistes dont le réalisme discipliné a saboté sous ses yeux l'avenir du Guatemala. Fidel est pondéré avec les partis, mais en tribun adulé il accapare le soutien de la foule. Il est Premier ministre.

La Constitution est modifiée

La Havane, 7 février
Le gouvernement promulgue la Loi fondamentale de la république de Cuba. Les articles de la Constitution de 1940 sont maintenus ou modifiés en vertu des bases politiques issues de la révolution. L'article 12 portant sur les naturalisations est modifié. Désormais, la loi dispose que « sont cubains de naissance les étrangers qui ont participé à la lutte armée contre la tyrannie (déclarée forclose le 31 décembre 1958), dans les rangs de l'armée rebelle durant deux ans ou plus, ou qui y ont pris part avec le grade de commandant durant un an au moins en vertu des dispositions définies par la présente loi ».

Le Che reçoit la nationalité cubaine

La Havane, 10 février
Le Che annonce à la presse qu'il est « honoré de la nationalité cubaine, à l'instar, unique précédent, du généralissime Máximo Gomez, héros de l'Indépendance qui était né à Saint-Domingue », ajoutant : « Au Guatemala, je me sentais guatémaltèque, au Pérou, péruvien, et mexicain au Mexique. Bien sûr, je me sens aussi argentin, je ne peux oublier ni le maté ni l'*asado* » (les grillades de bœuf). Ses seuls mérites justifient cette naturalisation « de naissance » du Che. Cependant, Fidel Castro a des projets pour lui, même si au Mexique les deux hommes étaient convenus qu'après le triomphe, lui, le Che, recouvrerait sa liberté. Mais comment refuser à Fidel ? Quid de la révolution à parachever ? La loi de naturalisation peut aussi aider les Cubains, qui perçoivent mal ce bel Argentin si peu enclin à festoyer, au verbe lent, eux qui avalent la moitié des mots. Il ne parle que d'avenir à construire, alors qu'il est si doux de se laisser porter par l'exubérance des jours. Il n'a pas d'états d'âme quand il fusille ? Pourquoi en aurait-il pour d'ignobles criminels ? Non, il n'a rien de plus insupportable que sa ponctualité affichée et son discours de partageux. Le bourgeois s'irrite, le PSP aussi, car il est sans parti.

Mauvaises notes à son bilan de santé

La Havane, février
Le docteur Oscar Fernández Mell, qui avait organisé le centre de soins d'urgence à l'université de Santa Clara, a beau dire et beau faire, le Che refuse de se soigner. Pis, il semble prendre plaisir à jouer avec sa santé. Tard converti au cigare, alors qu'il aimait la pipe, il fume comme une cheminée, mange quand il y pense, ne dort pas. Toujours sur la brèche. Partout sollicité, il court d'inaugurations en conférences, de discours en interviews. Le 15, il s'est rendu chez Hilda, Hildita fêtait ses trois ans. Le cœur y était mais sa pâleur ne disait rien de bon. L'ami Nuñez Jimenez, s'inquiétant comme tant d'autres de l'épuisement du Che, le convainc de s'en remettre aux bons soins de Fernández Mell. La classique médication, Ventoline et injections d'adrénaline, ne suffit plus à calmer l'asthme. La fièvre persistante conduit le praticien à suspecter un mal bien plus grave. Le docteur Conradino Polanco, lisant les radiographies, diagnostique alors un double emphysème au poumon droit. Le Che est soumis au repos forcé et à l'interdiction de fumer. Il négocie le repos contre un cigare par jour. Il tient parole, le *tabaco*, commande spéciale, mesure 50 cm.

Fidel lui ordonne de se soigner

Ils ne se voient pas tous les jours, mais Fidel est au courant tous les jours de l'évolution de la santé de ce diable. La lecture des radios le précipite à la Cabaña où il le tance. Halte-là, *compañero*, si tu restes ici, jamais tu ne te reposeras ! Et pour cause, son bureau est à l'étage au-dessous. Fidel, jouant le registre de la ferme douceur du grand frère, l'emmène à Tarara, une banlieue des plus huppées de La Havane, au bord de la mer. Le Che passe son temps torse nu et allongé à étudier les futures réformes avec ses amis, impatients de les mettre sur rails. Les modérés et Urrutia sont sifflés. Mais la guérilla n'est plus là pour étouffer les prises de bec. Entre les coteries naissantes, celle du Che est l'une des plus bruyantes.

Ses crises d'asthme ne l'ont pas quitté, le faisant cruellement souffrir, mais il n'a jamais voulu arrêter son combat.

Polémiques pour la réforme agraire

Tarara, mars
La guérilla a redistribué des terres appartenant à l'Etat ou aux suppôts de Batista. Deux cent mille familles en ont profité. Chaque soir, le Che, qui veut étendre la loi, peaufine avec ses amis un projet que Fidel modifie dès son arrivée à l'aube. Sori-Marín travaille sur le sujet pour Castro. Son projet veille à éviter les conflits avec les sociétés américaines. Fidel, à la veille d'une visite aux Etats-Unis, opte pour un profil bas.

Première parution de *Verde Olivo*

La Havane, 10 avril
Verde Olivo paraît. Son fondateur, le Che, touche les limites de sa tâche : « être terrible pour éviter au peuple de l'être » (Danton). Il trouve le temps de rédiger un livre théorique, *la Guerre de guérilla*, dont il a publié un chapitre dans *Revolución*. En pleine effervescence idéologique qui entraîne son lot de polémiques, il se donne ainsi une tribune. De même, amateur de joutes intellectuelles, il a créé l'agence *Prensa Latina* pour confondre les conformismes. Carlos Fuentes au Mexique, en Colombie Gabriel García Márquez, y signent.

Dialogue impossible pour Fidel avec le président américain

Accueil chaleureux à l'aéroport Ciudad Libertad à son retour des Etats-Unis.

La Havane, avril
L'accueil de Fidel à son arrivée à Ciudad Libertad, ex-Columbia, par tout le gratin de l'Etat rendrait le protocole sympathique. Pourtant, il n'y a pas lieu pour les Cubains de se réjouir. Les Etats-Unis ont attendu une semaine avant de reconnaître le nouveau gouvernement. La visite de Castro était privée, organisée par l'American Society of Newspapers Editors, largement critiquée pour avoir exclu radios et télévisions de la couverture de l'événement, business oblige. L'Etat américain y trouvait son avantage, trop de publicité lui déplaisait. Le président Eisenhower s'est débrouillé pour être absent de la capitale quand Castro s'y rendait. Si bien que Fidel ne vit que Richard Nixon, le vice-président. Son but était de le convaincre de la justesse de la révolution et de sa coloration « verte », autrement dit nationale et humaniste. Il n'a guère convaincu l'avocat californien. Avant que ne se referment les portes de la Maison Blanche derrière ce visiteur, Nixon, bien sûr loyal serviteur de l'idéologie officielle qui affirme le primat de l'intérêt privé, rédigeait une note adressée au Président et décrivant Castro comme un naïf ou un vrai communiste, forçant les Etats-Unis à le considérer ainsi, sans illusions à propos des « rebelles flamboyants », dans la « tradition de Bolívar ».

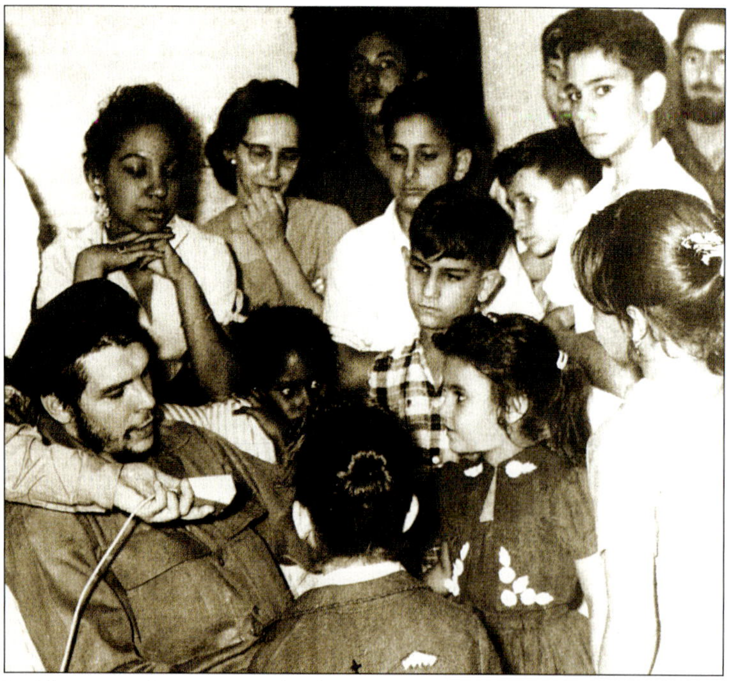

Le Che veut créer une organisation pour les enfants révolutionnaires.

La révolutionnaire Celia Sanchez a accompagné Fidel à New York.

L'heureuse fin de mission de l'ex-agent de liaison

La Havane, 2 juin

Ils sont radieux, les amoureux. Tout au long de la cérémonie, les mariés, Ernesto et Aleida, ne se départissent pas d'un sourire triomphant. Aleida March, blonde aux cheveux courts, vêtue d'une robe blanche à manches courtes, arbore un collier de perles d'une rangée. Au reste, son éclatant sourire le fait aisément disparaître. Son époux n'a pas dérogé à sa règle vestimentaire habituelle : treillis vert olive, croquenots et béret étoilé. Le cher Camilo a organisé les festivités. Raúl Castro et Vilma Espín – ils se sont mariés à Santiago au mois de janvier – étaient les témoins de cette union. Ils n'ont donc pas eu besoin de suivre les conseils insistants du Che qui, le 13 janvier, enjoignait les guérilleros vivant maritalement de s'unir officiellement ; peu après, il organisa une cérémonie de mariage collective, avec aussi le recours d'un prêtre pour ceux qui le souhaitaient. Aleida, 25 ans, est originaire de la province de Santa Clara. Elle est institutrice. Ses origines modestes, son désintérêt vis-à-vis de la religion, la rapprochent du peu de goût pour le confort et de l'athéisme déclaré de son mari. Ils vivent ensemble depuis la campagne de l'Escambray. Logés d'abord dans une luxueuse villa à Tarara, ils ont choisi une maison modeste, sise près de l'école où elle enseigne. Elle se contente du salaire que s'attribue son mari, 125 pesos, quand d'autres s'en octroient 1 000 par mois. Pas de quoi faire la fête. D'ailleurs, ils ne la font pas.

▷

Le Che ambassadeur courtise les pays non-alignés

La Havane, 8 septembre

On savait l'homme peu banal, ses fonctions ne le sont pas moins. Che Guevara revient d'un long voyage itinérant en tant qu'ambassadeur plénipotentiaire de Cuba, comme Fidel l'avait nommé juste avant son départ, le 12 juin. Son but : faire connaître Cuba, sa révolution, sa lutte pour la dignité, la sienne et celle du continent latino-américain. Il est allé chercher des alliances, des armes, garantes de la souveraineté. Une douzaine de pays visités, quinze en comptant les transits et la Syrie, liée à l'Egypte dans la République arabe unie. Le choix des pays en Asie et en Afrique n'est pas fortuit, en ces temps de guerre froide. Cuba a opté pour le camp des non-alignés. Le bilan est mitigé. Utiles les efforts pour faire connaître cette petite île lointaine qui fait parler d'elle aux Etats-Unis. Les accords de principe en matière d'échanges économiques restent à confirmer. Les armes ne sont pas près d'arriver. Cependant, le Che a fait le plein d'idées à garder ou à rejeter quant à l'organisation économique et sociale. Il a visité nombre d'usines, étudié les systèmes industriels, comparé les types de productions qui évitent, ou limitent, aux pays producteurs de matières premières le fléau de la dépendance économique. Le morceau de choix de son étude a porté sur la réforme agraire. Il a fait sourire Nasser : le Che lie l'ampleur de la réforme au nombre d'expropriés. En Inde, il a noté que le pouvoir passe son temps à convaincre les riches de céder des terres et les pauvres de les payer. Au Japon, il a été stupéfait : MacArthur a liquidé la féodalité.

Nasser lui remet le Grand Ordre de la République lors de sa visite au Caire.

Grand admirateur de l'Inde, il attend beaucoup du Premier ministre Nehru, qui a choisi de faire la sourde oreille.

Les principales étapes du voyage

Egypte, 12-19 juin
Le prestige du président Nasser a rejailli sur la délégation cubaine, tant la qualité de l'accueil qu'il a réservé à ses invités et le triomphe spontané offert par la population ont été appuyés. Cuba a gagné en crédibilité dans le tiers-monde. Nasser, déjà légende nationale depuis la nationalisation du canal de Suez, s'est montré chaleureux et plein d'égards envers le Che.

Inde, 30 juin - 12 juillet
Admirateur du Mahatma Gandhi auquel il a rendu un hommage, le Che n'a pas adhéré au principe de non-violence pour moteur de la politique sociale. Et Nehru, qui a mis les petits plats dans les grands lors des réceptions officielles, a fait mine de somnoler quand son hôte a ouvert le chapitre sur des ventes d'armes indiennes à Cuba.

Japon, 15-29 juillet
Le Che, au pays solidement allié à l'Amérique, s'instruit en visitant les entreprises Hitashi, Toyota ou Mitsubishi. Il est fasciné par le dynamisme industriel japonais et a noté les similitudes qui existent entre ces deux pays, privés de fer, de pétrole et de charbon. Il en a conclu à la nécessité, pour Cuba, de fonder une industrie lourde en utilisant d'abord, comme ici, la matière grise. Ses hôtes, faisant assaut de courtoisie, l'ont prié de laisser son appareil photo rangé et de ne pas visiter Hiroshima. Parti seul, il a visité Hiroshima et Nagasaki. Incapable d'écrire sur le spectacle de ces villes martyres, il les a photographiées.

Indonésie, 29 juillet - 4 août
Une fois constatée la similitude de leur destin politique récent et des productions agricoles, le Che a pu contempler les vestiges des temples de Borobudur, et à Bali les paysages.

Yougoslavie, 11-21 août
Quant à Tito, il a refusé tout net de vendre des armes.

Osvaldo Dorticos, nouveau président pour Cuba

Pour soutenir le choix de Fidel, qui s'est porté sur Dorticos, Camilo Cienfuegos et ses hommes organisent une grande cavalcade qui dure dix jours.

La Havane, 18 juillet
Le président Urrutia jette l'éponge, il préfère démissionner. Quelque temps auparavant, ils étaient cinq ministres du clan des modérés, au conservatisme social affiché, à avoir fait de même. C'est la tournure de la réforme agraire qui leur déplaisait. La veille, jetant plus de trouble sur l'échiquier embrouillé, Fidel avait fait mine d'abandonner son poste de Premier ministre, mais pas celui des forces armées. L'émotion suscitée par cette annonce, orchestrée par les syndicats, a convaincu Urrutia de partir. Les desseins de Fidel Castro ne sont pas impénétrables. Dès son arrivée au pouvoir, il s'est employé à composer pour placer ses hommes, trouvant sur son chemin le PSP qui, considérant les *barbudos* comme de peu fiables trublions, s'était joint au mouvement les tout derniers jours de Batista. Pour construire le socle sur lequel Fidel entend gouverner, il fallait un peu d'ordre. Et du silence surtout. L'envoi du Che de par le monde lui parut une bonne idée afin d'apaiser les tensions que son ami et protégé ne cessait d'occasionner : à l'intérieur, agitation politique et exode des techniciens ; à l'extérieur, rancœur des Etats-Unis enclins à y voir un autre Guatemala. Osvaldo Dorticos est le nouveau président.

Le président sortant, Urrutia.

▷

Le Che en première ligne du pouvoir

La Havane, 7 octobre
Chef de la section Industrie à l'Inra, en fait le ministère de l'Agriculture, tel est le nouvel emploi que Fidel Castro a attribué au Che. L'intitulé n'a pas de lustre, pourtant le rôle est d'importance, car l'acteur a la main sur pratiquement tous les secteurs économiques du pays. Les réformes engagées depuis janvier – les salaires relevés et les loyers baissés – ont gonflé les revenus, donc les besoins qu'il faut maîtriser. L'orage menace, Fidel a trouvé son parapluie.

Création des milices révolutionnaires

La Havane, 26 octobre
Lors d'une réunion publique qui rassemble cent mille personnes sur la place du palais présidentiel, Fidel annonce la création de la MNR, la Milice nationale révolutionnaire. Les citoyens sont venus entendre *el líder máximo* parler le langage de la fermeté face aux provocations de la réaction, les *gusanos* (mot à mot, vers de terre), surnom des Cubains exilés. Cette réunion veut mobiliser le peuple, qui doit serrer les rangs et défendre la révolution.

Les mathématiques en cours du soir

La Havane, octobre
Voilà un mois que Guevara, de sa propre initiative, prend des cours du soir. Il avait demandé à Salvador Vilaseca, qui l'avait accompagné autour du monde, de lui donner des cours de mathématiques, aussi bien sur le calcul infinitésimal, intégral ou différentiel, que sur les équations différentielles. Le Che est curieux et sa culture universelle. Pourtant c'est pour maîtriser les calculs, plans ou projections et autres budgets qu'il ressent le besoin d'approfondir ces connaissances de base. Les mardis et samedis, à raison d'une à deux heures par séance, il retrouve les joies du tableau noir installé dans son bureau. Il transpire un peu car il a besoin de reprendre l'étude des mathématiques élémentaires, qui ne sont plus qu'un vague souvenir.

La mystérieuse disparition de Camilo

Cuba, 26 octobre
Silence radio. Aucune nouvelle du petit Piper à bord duquel Camilo rentrait à La Havane. Des témoins font état d'une boule de feu près des côtes, au-dessus de la mer. Sitôt la nouvelle connue, on ratisse en vain la région. Sa disparition est vécue comme une réelle tragédie par tout le pays. Spontanément, on vient sur place aux nouvelles. Il ne manque personne pour se rendre au bord des cours d'eau afin d'y jeter des fleurs que le courant devrait emporter à la mer. Le Che perd un ami, un frère, le seul à l'avoir fait éclater de rire, à exercer son humour à ses dépens. Le seul aussi peut-être à égaler son courage. Camilo, homme du peuple, parlait sans détour et pratiquait la loyauté des gens simples. Il avait été envoyé en Camagüey afin d'y enquêter sur un « complot fomenté par des opposants à la réforme agraire ». Parmi eux Hubert Matos, commandant dans la sierra. Petit propriétaire mais rallié aux rebelles dès la première heure, il a pris des risques inouïs avec son avion pour acheminer des armes dans la sierra. Il a anéanti le bataillon du fameux Mosquera, blessant même l'ennemi juré du Che. Cependant, touché par les remous causés par la nomination de Raúl Castro, qui n'a jamais caché son engagement marxiste, au poste de ministre de la Défense, et opposé à la réforme agraire, il avait offert sa démission de ses fonctions de préfet militaire, le 20. Loyal, il précisait à Castro son refus de « gêner la révolution ». Démission, trahison, pas de différence, juge Fidel. L'air du temps est à la contre-révolution. Ces derniers mois, il est de moins en moins respirable à La Havane, ville chargée des miasmes des attentats à la bombe depuis juillet. Il n'est pas de jour sans qu'un avion venant de Floride ne survole l'île pour larguer des tracts et tirer au canon.

Avec ses parents, Ramón Cienfuegos y Flores et Emilia Gorriaran.

Tous ensemble et volontaires pour construire la société idéale

La « zafra » (la récolte de la canne à sucre) est primordiale pour l'économie.

Las Mercédes, 23 novembre
Che Guevara a choisi Caney de Las Mercédes (province d'Oriente) pour inaugurer la première journée du travail volontaire. Chaque Cubain est invité, mais il ne peut refuser, à donner une partie de son temps à un travail d'intérêt collectif. Le choix de cette politique, dans un pays où la philosophie collective s'accommode si bien de l'état de non-urgence, est une surprise, sauf pour les *guajiros* qui déjà ont travaillé dur aux côtés des rebelles. Les ministres donnent l'exemple. Ils retroussent désormais leurs manches, en saison dans les cannaies, sur les routes et sur les chantiers. Le samedi, plus encore le dimanche, les décideurs mêlent leur sueur au côté du peuple. Le Che et Fidel sont de la fête. Rassembler autour des idées ne suffit pas. Le peuple est appelé à participer, non aux décisions, à leur application.

La présidence de la Banque centrale

Le Che à la Banque centrale, dont il assure la présidence malgré les pressions de l'ambassadeur des Etats-Unis.

La Havane, 26 novembre
La rue n'a pas manqué d'en faire un gag. Le Che nommé président de la Banque centrale, lui à qui l'argent inspire un souverain mépris, voilà qui excite les esprits. « Y a-t-il un économiste ici ? » interroge Fidel. Le Che lève la main. Il est banquier. Il avait entendu : « Y a-t-il un communiste ? » Le choix de Fidel est à double détente : mise à l'écart des modérés dérangés par les mesures radicales, ainsi de la nationalisation de l'enseignement religieux qui a fait défiler un million de personnes ; et choix d'un esprit vif et loyal à sa politique. Qui mieux que le Che peut s'en prévaloir ? Ses débuts à l'Inra lui ont montré les besoins du pays en matière industrielle. Au Trésor, la vision s'élargit pour analyser la juste stratégie. N'empêche, quel plaisir de lacérer les temples de l'argent de sa griffe « Che » apposée sur les billets.

Le Che signe la mort du latifundisme

La Havane, 10 décembre
« Aujourd'hui, je signe l'acte de décès du latifundisme. Jamais je n'aurais cru pouvoir apposer mon nom sur l'avis de décès d'un patient que j'ai aidé à soigner avec autant d'orgueil et de satisfaction. » Ils sont vengés les paysans sans terre : la loi de la réforme première mouture, qui a été votée le 17 mai, est dépassée. Les compagnies étrangères mordent enfin la poussière. United Fruit, King Ranch et Francisco Sugar sont cubaines, indemnisées avec des bons à 4 % l'an sur vingt ans. Quant aux tribunaux, ils ne sont pas dans le coup. Présidé par Castro, seul l'Inra peut décider des expropriations et surveiller la redistribution. En mai, l'esprit de la loi visait à favoriser une petite bourgeoisie paysanne. Et les exploitations du secteur privé, qui sont limitées à 400 hectares, le sont aussi en surface minimale, soit 27 ha pour en favoriser l'efficacité. Nul besoin désormais de lutter, sinon avec les coopératives que les privés doivent aider à gérer et exploiter. De son observatoire de la Banque, le Che a la vue dégagée. La production sucrière est source de dépendance économique mais aussi de revenus. C'est à partir et autour d'elle que doit se constituer l'industrie. Les coopératives, gérées par l'Etat, ne peuvent investir qu'en fonction des priorités, au contraire du privé libre d'acheter des produits étrangers.

Le 28 décembre, le Che est à Santa Clara avec Aleida et son amie Chela Pontaja pour participer aux cérémonies de la libération de la ville.

Lors de son voyage à Santa Clara, il reçoit du recteur Mariano Rodriguez Solveira la toge de docteur *honoris causa* de l'université centrale.

1960

De 31 à 32 ans

La Havane, 20 mars
Le Che inaugure le programme « Université pour tous ».

Buenos Aires, 25 mai
Des *barbudos* défilent sur l'*avenida del Libertador* sous le regard réjoui d'Alexis Kossyguine, chef de la diplomatie soviétique, présent au côté du président argentin Arturo Frondizi.

Washington DC, 9 juillet
Eisenhower déclare que son pays ne tolérera pas de régime contrôlé par « l'Internationale communiste », nulle part en Occident. Sa déclaration fait suite à celle des Soviétiques prévenant que leurs missiles s'opposeraient à une intervention contre Cuba.

Washington DC, 13 juillet
J. F. Kennedy obtient l'investiture du Parti démocrate pour la présidentielle de novembre. Il choisit Lindon Barry Johnson comme colistier pour obtenir les voix du Texas.

La Havane, juillet
Lors du forum de la Jeunessse latino-américaine, Castro déclare que « ne pas faire la réforme agraire, c'est vouer le pays au sous-développement perpétuel ; la faire, c'est s'exposer à la haine du puissant voisin du Nord ».

Cuba, 20 août
A Minas del Frio, en Oriente, s'ouvre la première session des enseignants volontaires qui vont aller alphabétiser les campagnes.

Cuba, 14 octobre
La loi de la réforme urbaine est votée. Elle permet aux locataires de devenir propriétaires en convertissant leurs loyers mensuels.

Cuba flirte avec l'Union soviétique

La Havane, février
Castro et le Che sont ravis, Anastase Mikoyan et les Soviétiques aussi. Cuba peut compter sur la puissance soviétique pour mettre un terme à sa dépendance envers les Etats-Unis. Le prétexte : l'exposition soviétique des sciences, de la technologie et de la culture, inaugurée le 5 du mois. En octobre de l'année dernière, le correspondant de l'agence Tass, Alexandre Alexeïev, avait rencontré Fidel pour évoquer l'ouverture de relations commerciales. Mikoyan, premier vice-président du conseil des ministres de l'Union soviétique, jette désormais les bases de relations diplomatiques. Toujours en activité, ce « vieux bolchevik » n'est pas venu les mains vides. Moscou veut effectivement importer 425 000 tonnes de sucre, sans compter les quantités acquises l'an dernier, soit 20 % de la production. C'est un début. Pour l'avenir, Moscou parle d'un million de tonnes ainsi que d'un crédit de 100 millions de dollars, jusqu'en 1964, pour l'achat de biens russes. Inédites, ces relations sont pour les Cubains un soutien vis-à-vis des Yankees. L'URSS foule leur jardin et se renforce dans la querelle qui l'oppose à la Chine.

Le Che reçoit un atlas de Cuba en russe des mains de Mikoyan, à La Havane.

Les plans de la CIA contre Cuba sont éventés, Castro les dénonce

La Havane, 30 mars
Fidel Castro dénonce au cours d'un discours les plans d'invasion contre Cuba, fomentés par la CIA. Le coup du Guatemala va se reproduire sans que nulle voix du sous-continent ne proteste. Comment en irait-il autrement ? Les accords de Rio de 1947 enchaînent tous les pays aux Etats-Unis au détriment de la naturelle solidarité. La campagne électorale bat son plein chez le voisin du nord. C'est l'occasion pour les candidats, Richard Nixon et John F. Kennedy, de s'opposer sur le thème cubain. En Floride surtout, la riche et très active diaspora cubaine s'active en pression médiatique et politique sur les élus. Elle négocie ses votes tout en encourageant la surenchère antifidéliste. Elle finance la plupart des attentats, incendies de cannaies ou encore sabotages de ponts. Au cours du mois, Eisenhower a donné son feu vert à la CIA pour entraîner des commandos de *gusanos*.

Cuba ne se fournit plus en armes aux Etats-Unis, ce qui gêne ces derniers.

Sabotage du *La Coubre* dans le port de La Havane

« La Coubre » venait livrer des armes belges. Au moment de l'explosion, la foule s'affole : 70 morts et 100 blessés.

La Havane, 5 mars
Au cimetière Colón, dans le centre de la capitale, la foule recueillie écoute son *comandante* fustiger les Etats-Unis, commanditaires selon lui de l'attentat qui a littéralement soufflé le cargo français *La Coubre* dans le port hier. *« Patria o muerte ! Venceremos ! »* Mais ni l'endroit ni les circonstances ne s'y prêtant, le slogan n'est aucunement repris par les chœurs qui ne manquent jamais quand le tribun s'adresse au peuple. Tout de même, « La patrie ou la mort ! » touche chacun des cœurs présents. Pas moins de 70 morts et plus de 100 blessés sont déplorés. Le cargo déchargeait des fusils d'assaut FAL manufacturés en Belgique. Ce sont les premières armes destinées à l'armée cubaine à n'avoir pas été achetées aux Etats-Unis. Camilo avait testé au camp Ciudad Libertad ce fusil avant que l'Etat n'en passe la commande. L'onde de choc a été ressentie dans les rues adjacentes. Des journalistes présents non loin ont figé des scènes saisissantes de passants apeurés, à demi accroupis. Le Che, défait et presque hagard, accompagné de son équipe, s'est rendu sur place. Sur le chemin du cimetière, un immense cortège de Havanais silencieux et dignes, et scandant des slogans vengeurs en fin de procession, a défilé dans les rues. Des miliciens les précédaient, les mains accrochées au drapeau. Les rues dans lesquelles les victimes ont perdu la vie sont jonchées de fleurs fraîches. A la tribune, les dirigeants dont le Che, grave, tendu, lointain. Il porte son béret étoilé. Au-dessus de son treillis, un blouson de laine. Alberto Díaz Gutierrez, qui signe ses photos Korda pour le journal *Revolución*, le voit. Un cliché, puis un second pour assurer. Il doute de la netteté et pense déjà à effacer le petit palmier sur la gauche du Che. Il sait que le regard de haine froide qu'il a fixé sur la pellicule résume tout, l'homme et la tragédie. Jean-Paul Sartre et Simone de Beauvoir, hôtes de Cuba, sont à la tribune. Sartre, que les nuits blanches de Cuba rajeunissent, songe à tous ces jeunes dirigeants : « Leur vie brûle. »

Le navire français est littéralement pulvérisé par la bombe américaine.

Le Che fait une forte impression sur Jean-Paul Sartre, en visite à Cuba.

▷

Le Che dédie son livre à Camilo

La Havane, 24 mars
Verde Olivo publie le prologue du livre du Che *la Guerre de guérilla*. Ce manuel étudie, analyse, théorise la guerre révolutionnaire. L'auteur décrit les aspects de la guérilla, à la lumière de son expérience. Tous les révolutionnaires du monde entier y puiseront matière à réflexion et inspiration. Et les armées vouées à être combattues également. Rien de tel que de connaître l'ennemi pour le défaire sur son terrain. Camilo n'est pas oublié. Il devait relire l'ouvrage, le corriger au besoin. Le Che le lui dédie. En exergue : « Il fut le compagnon de cent combats, et pratiquait la loyauté comme une religion. »

Le pétrole américain est nationalisé

La Havane, 24 juin
Les raffineries de la Texaco et de la Standard Oil de Cuba entrent dans le patrimoine national. Ainsi en a décidé Castro. Fin mai, le Che avait reçu leurs responsables pour leur demander de raffiner le pétrole qui est acheté par Cuba aux Soviétiques à des prix inférieurs au marché. De plus, il les informait qu'une dette de 50 millions de dollars ne leur serait pas remboursée. Les pétroliers, qui ont perçu le piège, tardent à donner leur réponse. A Washington, il n'en est pas allé de même. Eisenhower, le 22 juin, demandait au Congrès de réduire le quota sucrier cubain.

Castro nationalise les compagnies pétrolières étrangères.

« Cuba si, Yanquis no ! » scande le Che

Comme lors de tous ses discours, la foule vibre à l'écoute de ses paroles. Ici, au balcon du palais présidentiel.

La Havane, 28 juillet
Fièvre et ferveur révolutionnaire à l'ouverture du premier Congrès de la jeunesse latino-américaine. Che déchaîne les passions, à la tribune. Il y donne le « la » en martelant que, grâce à sa réforme agraire radicale, Cuba s'est enfin donné les moyens d'en finir avec toutes les sources d'exploitation. Dans l'assistance, au premier rang, Jacobo Arbenz a été invité. A l'adresse des Etats-Unis, le Che désigne l'URSS, la Chine et les pays socialistes, amis de Cuba. La foule chavire. Il explique, contraste après maints efforts pour éluder la question depuis le triomphe, que si la voie cubaine de la révolution était marxiste elle serait cubaine avant tout. La foule est à genoux. Elle scande : « *Cuba si, Yanquis no !* ».

Le *mano a mano* de Fidel et son peuple

La Havane, 7 août
« Vas-y Fidel, contre les Yankees, cogne fort ! » La foule au sommet de son art, subjuguée par les exploits de son Fidel, le porte. Il est aphone. Depuis des heures, il flatte le peuple, sa fierté, sa dignité. Il annonce avec des gestes de matador que la plupart des entreprises américaines sur le sol cubain sont nationalisées. L'aigle est déplumé. Trente-six domaines sucriers, les pétroliers, compagnies de téléphone, d'électricité, près de huit cent millions de dollars, les trois quarts des biens américains à Cuba. Pourquoi ce crescendo ? Le Congrès américain a réduit le quota sucrier de 95 millions de dollars, le 3 juillet.

Fidel Castro remporte un tournoi de pêche, ouvert le 16 mai, patronné par Ernest Hemingway, qui réside à Cuba. Le Che y assiste avec sa mère.

Le pouvoir renforcé par sa milice

La Havane, 25 septembre
Le Che est au côté de Castro sur le balcon du palais présidentiel quand la création des Comités de défense de la révolution (CDR) est rendue publique. Les tensions avec les Etats-Unis n'expliquent pas à elles seules la dureté de la politique intérieure. La collectivisation, le quadrillage de la population par des organismes sociaux à vocation politique, surtout la réduction progressive des contre-pouvoirs en exaspèrent plus d'un. En Escambray sévissent des bandes, rebelles, antirebelles, dont certaines s'assimilent à des gangs de malfrats. Les étudiants, la petite bourgeoisie et l'Eglise renâclent, protestent et manifestent. Les partis sont interdits depuis un an, excepté le PSP. Castro mord sur son terrain. Il noyaute les groupes sociaux avec les milices à tout crin et à tout craindre.

Une naissance… la petite Aleida

La Havane, 24 novembre
Elle s'appelle comme sa maman, mais répondra quand elle entendra Aleïdita. Elle fera connaissance de papa à son retour de voyage. Il est à Shanghai, aujourd'hui. Que pense maman de ces absences ? Et encore des fréquents déménagements. Chez elles, il y a des hommes en armes.

L'embargo des Américains se durcit

Washington, 1er novembre
Que faire en année électorale quand on conduit le destin de la première puissance du monde, bafouée par un moustique des tropiques, et que l'on est vindicatif ? La guerre, la vraie, est pour les années creuses. Il ne reste qu'à voter et faire voter des mesures que la presse – qui a un immense besoin de frissons – appelle « guerre économique » : des sanctions et des punitions. Œil pour œil, dent pour dent. Pour venger les entreprises, le rationnement. Voilà un demi-siècle que Cuba mange, boit et se nettoie américain. L'embargo les mettra au pas. Les Russes vivent d'expédients, les alliés n'oseront pas prendre la place, c'est interdit. L'opinion dans le monde appréciera aussi ce geste d'humanité : sont exclus de la liste les produits alimentaires ainsi que les médicaments. Le candidat Nixon n'aura rien à redire, les céréaliers ne voteront pas pour le concurrent. La presse réagira favorablement. Elle raconte des histoires de vampires depuis le discours de Guevara. Fidel est la voix, le cœur et l'âme de Cuba, Raúl la dague, le Che son cerveau.

Premier voyage pour la Cité interdite, à la recherche d'appuis

Il attendait avec impatience cette rencontre avec le Grand Timonier, Mao Tsé-toung, qu'il a lu et qu'il admire beaucoup.

Pour passer plus de temps avec Hildita, il l'emmène dans des cérémonies.

Pékin, 1er décembre
Enfin la Cité interdite ! Plus qu'un rêve des jeunes années, ce séjour en Chine, qu'il achève, marque pour le dirigeant politique qu'il est une étape capitale. Mao, avant le Che, a choisi une voie originale pour faire triompher sa révolution. Réaliste, il s'est appuyé sur la classe paysanne, le vrai prolétariat chinois. Singulier personnage, le Grand Timonier. Il goûte la théâtralité. Etait-ce un jeu ou bien voulait-il impressionner un jeune représentant d'un pays guère plus peuplé qu'une ou deux villes de Chine ? Un matin, des officiers ont escorté le Che jusqu'au pavillon Zhong Nan Hai, dans l'aile privée. On le fait patienter dans un salon démesuré. Il est seul. Soudain, un rideau se lève. Assis, buvant son thé, Mao qui incline le chef. Le Che lui rend son salut. Le rideau se baisse, un général apparaît et offre du thé. Le soir, « l'apparition » prend des formes ordinaires pour un entretien des plus sérieux. Mao est entouré des officiels du régime et s'adresse à la délégation cubaine. Durant trois heures est évoqué la géopolitique, en Afrique notamment où la Chine se dit prête à voler au secours du Congolais Patrice Lumumba. Les jours suivants, un second entretien réunit Mao, Chou En-lai, Lin Biao. On y parle d'armement. Le Che ne se risque pas à évoquer l'insistante querelle sino-soviétique, du reste quelle idée s'en fait-il ? Son décorum révèle la Chine. Lors d'un banquet, un serviteur s'approche, il tient un singe en laisse. A l'autre main, un sabre qui soudain tranche le sommet du crâne de l'animal. Le Che se voit invité à en déguster la cervelle. En Chine, on mange en silence. ▷

Le Che ne s'octroie que de rares moments de repos

1961

De 32 à 33 ans

La Havane, 26 février
Verde Olivo publie le prologue du livre du Che *Souvenirs de la guerre révolutionnaire.*

Washington, 12 avril
Kennedy annonce que les Etats-Unis n'interviendront pas.

Washington, avril
Kennedy lance le *Coordinator's Office of Cuba Affairs* qui coordonne les activités du département d'Etat, du Pentagone, de la Justice et de la CIA : contrôle des Latino-Américains en relation avec Cuba, etc.

Cuba, 1er mai
Tous les établissements scolaires sont nationalisés, l'enseignement gratuit est garanti pour tous.

La Havane, 8 mai
Le Che est au port, à aider à décharger un cargo.

La Havane, 9 mai
Le Che reçoit une délégation vietnamienne pour discuter de l'exploitation du nickel.

La Havane, 12 mai
Le Che préside un déjeuner offert à la délégation yougoslave. Le soir, il reçoit une délégation chinoise.

La Havane, 17 mai
Castro propose d'échanger les prisonniers *gusanos* contre des tracteurs et machines agricoles.

La Havane, 24 juillet
Youri Gagarine est reçu en triomphe à Cuba.

Buenos Aires, 17 août
A la demande du président Frondizi, le Che, entré en catimini dans son pays d'origine, est reçu à la résidence présidentielle d'Olivos. Il peut faire un saut chez sa tante paternelle Maria Luisa.

Les Etats-Unis répudient l'île cubaine

Devant l'ambassade américaine à La Havane, les crieurs annoncent la rupture des relations diplomatiques.

Succession de rétorsions et de représailles

Washington, 3 janvier
Le président Dwight Eisenhower signe son dernier acte politique d'importance. Il rompt les relations diplomatiques avec Cuba. Ce n'est pas une surprise. Depuis longtemps, la mesure était envisagée comme un coup de semonce nécessaire par une administration républicaine plus prompte à choisir la confrontation que les démocrates, dont le chef de file, John Kennedy, vainqueur à la présidentielle le 4 novembre, doit entrer en fonctions le 20 janvier. Hier, à La Havane, Castro en a fourni le prétexte. Sur le Malecón, au cours de la parade militaire où défilaient milices, armée et armes soviétiques, des chars et des canons en attendant les Mig, Fidel a exigé de son voisin qu'il réduise à onze son personnel diplomatique dans l'île pour être à parité avec celui de Cuba à Washington. Côté cubain, l'invasion américaine est envisagée depuis octobre. Castro a installé des canons sur le Malecón, pointés vers le nord, mobilisé la population et mis sur pied une unité spéciale pour combattre en Escambray les contre-révolutionnaires qui sont appuyés par le gouvernement américain...

L'URSS ou l'espoir de pallier la pénurie

La Havane, janvier
Après 2 ans d'exercice, l'économie cubaine souffre de désorganisation. Tout s'en mêle, les blocages avec le fournisseur obligé, le départ de la bourgeoisie entrepreneuriale ainsi que les nationalisations. Le coup de fouet donné à la consommation des plus modestes arrive alors que les importations régressent. Le pouvoir table sur les accords signés avec l'URSS pour pallier les pénuries dont la *libreta*, carnet de rationnement, s'emploie à amortir les effets.

Réflexions après la mort de Lumumba

La Havane, 17 janvier
Patrice Lumumba, le premier et éphémère Premier ministre du Congo nouvellement indépendant, espoir et emblème du tiers monde, est assassiné après d'atroces tortures par les Katangais. Américain ou belge, son affidé, l'impérialisme ne supporte pas son éviction de ses chasses gardées. Le Che rumine la stratégie visant à contrer la barbarie de l'exploitation. L'alliance avec le camp socialiste qui revendique la lutte contre les oppresseurs en est l'étape nécessaire. La solidarité pour les harceler en est la suivante.

La mobilisation court sur tous les fronts

Cuba, 4 mars
Le gouvernement publie le bilan des opérations de « nettoyage » menées conjointement par les milices et l'armée rebelle dans l'Escambray : 35 contre-révolutionnaires ont été tués, 382 faits prisonniers et 945 armes américaines saisies. Sur le front extérieur, Fidel a opté pour un profil bas en signant, le 21 janvier, la démobilisation des milices. Il mise sur la modération de Kennedy, entré en fonctions la veille : « Nous sommes un peuple à la hauteur de la révolution accomplie », a-t-il dit.

Le Che est ministre de l'Industrie

Il prend ses fonctions ministérielles en présence du président Dorticos.

La Havane, 24 janvier
Le ministère de l'Industrie est créé, le Che en est son chef. Le ministre se voit confier une administration à la mesure des ambitions qu'il nourrit depuis de longs mois. Plus encore, à la direction de l'industrie à l'Inra, où il étudiait les effets de la réforme agraire dans l'industrie, il a dessiné les contours de l'industrialisation du pays. La cascade de nationalisations a apporté un volume d'entreprises à gérer si important que la gestion en devenait impossible. Aussi, l'équipe du Che, à laquelle d'autres fonctionnaires doivent s'adjoindre, est dotée des moyens nécessaires à la tâche. Ce n'est pas du luxe. La complexité de la gestion a contribué à paralyser la production, victime de décisions mal adaptées et souvent contradictoires. Lors de sa prise de fonctions, le Che a fait part de ses intentions : priorité à l'industrie financée par le sucre. Le plan quinquennal doit en parallèle développer une industrie lourde et une industrie légère, qui devra naître du génie et des efforts des cubains. La première émergera grâce à l'aide du bloc socialiste sous forme de crédits et d'achats de produits créés dans les usines vendues à Cuba ; leurs revenus financeront d'autres usines. C'est peu dire que le Che se sent pousser des ailes. N'a-t-il pas avoué, de retour des pays de l'Est, qu'il était « Alice revenant du continent des Merveilles ».

Le travail volontaire s'exerce quotidiennement dans le pays. Y participent les plus grands et même les visiteurs, comme ici cette délégation chinoise.

Baie des Cochons : 1 500 revanchards cubains,

Fondements d'une invasion annoncée

Washington, 17 avril
L'invasion tant attendue et redoutée par les Cubains s'est produite. Son déroulement dénonce la vanité de l'administration américaine, sûre de ses droits historiques et aveuglée par la puissance de ses moyens. Fidel Castro, hier, a confirmé ce que du côté américain les observateurs avaient interprété et condamné sans appel depuis longtemps : « Ce que les impérialistes ne peuvent nous pardonner, c'est d'avoir fait une révolution socialiste, juste sous le nez des Etats-Unis, une révolution socialiste que nous défendrons avec des fusils. » L'horreur d'un régime honni à cent milles des côtes de la Floride, la peur de la contagion dans la région et dans le cône sud, ne laissaient à Cuba la moindre chance de poursuivre son expérience et ses alliances en paix. La suppression par décision politique d'intérêts économiques et financiers apportés par l'histoire à l'Amérique et à quelques-uns de ses citoyens depuis un demi-siècle est immorale, dit-on ici. Une étude récente commandée par le Che, et portant sur les 15 dernières années, révèle que, sur 700 millions de dollars gagnés par les entreprises américaines, seulement 150 millions ont été réinvestis sur place, le solde, soit 550 millions, a pris le chemin des Etats-Unis. La valeur globale des nationalisations des entreprises américaines atteint un milliard de dollars. Le nickel et le manganèse exploités par des firmes américaines représentent un déficit stratégique net pour les Etats-Unis, contraints de puiser désormais dans leurs réserves de nickel. Autant de raisons qui ont poussé Allen Dulles, directeur de la CIA, à bombarder le département d'Etat et la présidence de rapports établis sur les notes de Cubains spoliés de leurs rentes et dont l'objectivité ne pouvait qu'en être altérée. Enfin, le prurit que l'accueil des *gusanos* a provoqué au Guatemala, y compris dans l'armée, signalait l'urgence de l'opération, ce qui fit dire à Kennedy, que ce lourd dossier rendait sceptique, qu'il fallait « se débarrasser de Cubains qui tenaient tellement à rentrer... ».

Depuis trois jours, les combats font rage dans la baie. Plusieurs embarcations ont déjà été coulées face à Playa Girón

Le 16 avril, à La Havane, a lieu l'enterrement des victimes de l'attaque aérienne américaine sur les aéroports. La foule leur rend hommage.

La malchance poursuit Ernesto

Pinar del Rio, 17 avril
A Pinar ce n'est qu'un cri : « Le Che s'est tué ! » Entendue dans un des nombreux troglodytes qui trouent les collines phalliques de la région, une détonation a fait craindre le pire. Transporté à grands renforts de sirènes à l'hôpital pour y être opéré, le Che y est rejoint dans la soirée par Aleida, accourue de La Havane. Elle se penche sur une oreille balafrée. Son mari, dirigeant la défense en zone ouest – Raúl est à l'est, Almeida au centre et Fidel en son QG de la capitale –, a trébuché et laissé choir son pistolet chargé.

armés et guidés par les Etats-Unis, débarquent

Le déroulement des opérations

Playa Giron, 17 avril
Le soir tombe sur la plus grande plage de la baie des Cochons. Des tirs sporadiques trouent la nuit. L'invasion est quasi stoppée et les envahisseurs de la brigade 2506 sont anéantis. Ils ont perdu 114 hommes, tués au combat. L'armée rebelle et les milices ont pris 1 183 Cubains, mercenaires de la CIA, payés au prorata des membres de leur famille respective dont ils ont la charge. Prisonniers sans gloire, ils sont en droit de fulminer, l'impréparation de l'opération pouvant surprendre. Ce matin, Castro a ordonné aux avions T-33 de quitter leurs bases secrètes pour accompagner deux Sea Fury armés de roquettes. Ces derniers n'ont pas manqué leurs cibles : les navires de la Navy. Le *Houston* avec à bord une brigade de 200 hommes a coulé, alors que le *Rio Escondido*, qui transportait armes et munitions, a explosé. Les autres bâtiments devant le danger inattendu ont décidé d'appliquer la classique stratégie de dégagement, la retraite à toute vapeur. Aucun des navires n'était doté de canons anti-aériens. Cuba, comme l'a fait savoir l'avant-veille l'armée de l'air, est privé d'aviation. Les raids aériens sur les aéroports à Santiago et de La Havane ont détruit au sol tous leurs appareils. Quatre bombardiers B-26 ont eu affaire aux T-33 cubains. Ils ont été abattus. Le même jour, Adlai Stevenson, ambassadeur américain, expliquait à l'ONU en exhibant des documents remis par le Pentagone, que les bombardements étaient le fait d'appareils cubains pilotés par des nationalistes antifidélistes. Le faux grossier fut très vite démonté, révélant des photos bien truquées. L'ambassadeur, honteux et confus, bredouilla des excuses et jura qu'on ne l'y prendrait plus. Ce soir Castro respire. Il a empêché les *gusanos* de prendre pied sur le sol cubain et d'y installer aussitôt un gouvernement provisoire, l'espoir de José Miro Cardóna, fugace Premier ministre qui dut céder face à Fidel.

Aux fins de manœuvres, le commandant en chef Castro dirige ses chars.

John Kennedy face à ses responsabilités

Washington, 24 avril
« La victoire a cent pères, alors que la défaite est orpheline. » Il ne manque pas de cran « JFK ». Le président américain assume la totale responsabilité du fiasco militaire de la baie des Cochons. De partout dans le monde montent les cris et les protestations. A Washington, c'est pire. Le Parti démocrate se déchire, et le sénateur Wayne Morse déclare que « l'action est une colossale faute ». Kennedy avait le choix entre démoraliser le camp anticastriste et l'aventure, laquelle a contribué à renforcer Castro et sa politique.

L'ennemi est repoussé, la victoire est totale, les hommes font la fête.

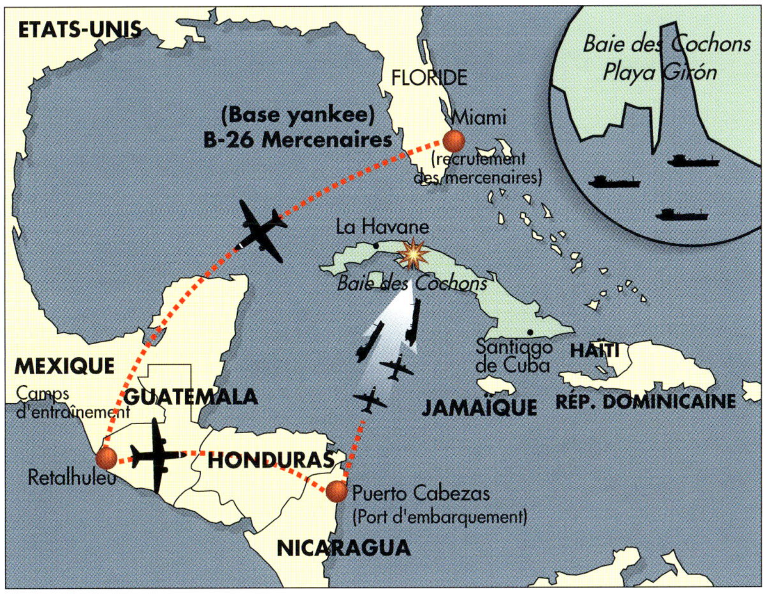

Le seul reporter-photographe présent sur place est arrivé le dernier jour de la bataille. Raúl Corrales est tombé à l'eau avec son appareil...

En voyage diplomatique, il s'offre un joyeux intermède familial

Punta del Este, août
L'Uruguay organise la réunion du Conseil inter-américain économique et social. La vedette en est le Che, auréolé de la victoire collective « du petit Latino sur le grand méchant loup », fêtée dans bien des foyers du sous-continent. Est-ce l'hiver austral ou l'émotion des retrouvailles avec les siens ? Le Che n'échappe pas à une série de sévères crises d'asthme. Il n'est pas le seul, la « tatie-gâteau » Beatriz a bien failli rester chez elle, affaiblie tout à coup mais Guevara père était là pour la forcer un peu. Ernesto se ménage quelques menus instants de bonheur simple entouré des siens. Pourtant le sens de son séjour, entre les interviews et les discussions improvisées avec les étudiants qui se pressent au-devant de la vedette, est d'importance. Pour Cuba, propulsé à la place d'honneur des pays hispaniques, pour les Etats-Unis également, sinon davantage. Kennedy a limogé Allen Dulles et s'emploie à faire oublier les effets désastreux du mois d'avril. Il utilise l'autre méthode, tout aussi traditionnelle, pour appliquer la doctrine de Monroe, l'argent. Le sous-secrétaire d'Etat, Douglass Dillon, propose une enveloppe de 20 milliards de dollars sur 10 ans pour développer l'hygiène ainsi que l'éducation. Trop peu et mal ciblé, répond le Che. En coulisses s'active Richard Goodwin, qui offre une aide à Cuba, via le Brésil et le Mexique, à condition de réintégrer le « bon camp ». *No, gracias señor !*

A Punta del Este, sa mère Celia ne se prive pas d'afficher son bonheur.

Frères et sœurs n'ont pas eu très souvent l'occasion d'être ensemble.

La monnaie cubaine change d'effigie

La Havane, 5 août
Le gouvernement cubain crée la surprise : 462,1 millions de pesos n'ont plus aucune valeur, faute d'avoir été échangés à temps. Ces sommes correspondent aux avoirs thésaurisés aux Etats-Unis et à Cuba pour financer les activités des contre-révolutionnaires. Rude coup pour des exilés qui profitaient des efforts de la Banque centrale pour assurer la convertibilité et la parité du peso face au dollar américain. Les nouveaux billets, paraphés par le Che, honorent les héros. José Martí, Camilo Cienfuegos, côté face ; au dos, le peuple de Cuba est magnifié. Dans les champs ou en armes, il clame la liberté.

Fidel embastille cette catin de liberté

La Havane, 28 septembre
« *Fidel, campeón, te comiste el tiburón !* » (Champion Fidel, tu t'es bouloté le requin !). C'est le grand amour avec le peuple rieur, viveur et rimailleur, depuis Playa Girón. Il en profite Fidel qui boucle putains et casinos. Rira-t-on encore ? En mai, il a invité les intellectuels et artistes à s'exprimer sur le pays, les CDR, la liberté. En juin, Virgilio Piñera, poète, était embastillé. Homosexuel. Le PSP est passé par là et *Prensa Latina* mise au pas. Le Che se tait.

Le 1er juin, l'usine électrique Frank País est inaugurée par le Che. Elle a été construite à Casablanca (Cuba) par des ingénieurs français et cubains.

Le 1er juin est également signée à La Havane une convention d'assistance technique entre l'Union soviétique et Cuba.

Che ministre du Travail

La Havane, 5 septembre
Le Che doit sa nomination, à titre temporaire, à un accident d'avion qui a anéanti toute la délégation qui l'accompagnait en Uruguay. Lui-même devait rentrer dans le même avion. Au dernier moment, le sort en décida autrement. Le Che fit un crochet par Brasilia, où il reçut un triomphe. Il cumule les postes, ce qui lui vaut de se priver de sommeil, de loisirs, de vie ordinaire. Il ne s'en plaint pas, appliquant d'abord à lui-même les devoirs de l'avant-gardiste qui éclaire et entraîne les masses. En fait, ses diverses responsabilités lui permettent de penser et d'agir dans une perspective globale : « Il faut changer l'homme pour changer la société », dit le ministre au travail.

Désormais, tous les billets de banque seront signés par le président de la Banque nationale, Che Guevara.

Bilan de la campagne d'alphabétisation

La clôture de l'année de l'alphabétisation rassemble les trois leaders de l'île.

La Havane, décembre
Les Cubains sont heureux. Ils savent lire. Et écrire. Les *guajiros* ont la fierté de déchiffrer le bilan de la campagne d'alphabétisation ouverte en début d'année. En 1953, ils étaient 40 % d'analphabètes dans les campagnes, 23 % dans l'ensemble du pays. L'Etat a dépêché 270 000 jeunes divisés en brigades dont la moitié d'écoliers âgés de 12 à 18 ans. Le zèle de l'armée du savoir rendait hommage à l'un de ses membres, Conrado Benitez, assassiné dans l'Escambray par des réactionnaires. Les volontaires étrangers dont Régis Debray et d'autres Français ont participé à la campagne. Et pour apprendre l'alphabet, les exemples donnés étaient fournis par la vie quotidienne : R de révolution, F de Fidel, CH de Che qui a tenu parole. Son peuple, à 4 % près, sait les ordres de mobilisation de la société.

Les Etats-Unis s'acharnent sur le caïman

Cuba, décembre
Le camouflet de la baie des Cochons réclamait une froide vengeance. Le 25 avril, Kennedy mettait l'embargo total sur les importations cubaines : « Nous ne pouvons pas accepter un régime communiste à 100 milles de la Floride », justifiait-il. Fidel Castro pouvait répliquer le 1er mai : « Nous ne pouvons pas accepter un régime capitaliste à 100 milles de Cuba. » Le président américain s'enferme ainsi dans les contradictions. Et pourtant, la pantalonnade d'avril lui avait inspiré des paroles de bon sens, relevant que l'opération avait rendu service aux Cubains. Avant sa prise de fonctions, l'administration entraînait les pays latino-américains dans son sillage pour qu'ils rompent leurs relations diplomatiques avec Cuba. Ce que firent le Paraguay et l'Uruguay, prémices d'une liste vouée à s'allonger, juste avant que l'Amérique interdise à ses propres ressortissants de se rendre à Cuba. Les attentats incessants, qui sont même exécutés par les *gusanos*, les maquis dans l'Escambray, et les 7 civils tués sous les bombardements du 15 avril, forcent le régime cubain à se cabrer : à l'intérieur, au soir du 15 avril, les CDR ont organisé la plus grande rafle dans l'histoire de l'Amérique, dit-on. La création du parti unique en juillet témoigne de l'accélération dans l'édification du socialisme. Sur le plan extérieur, les alliances sont déjà toutes trouvées, les fusées de l'URSS protégeraient Cuba des menaces américaines.

1962

De 33 à 34 ans

Buenos Aires, 8 février
L'Argentine rompt ses relations diplomatiques avec Cuba.

Quito, 2 avril
L'Equateur rompt ses relations diplomatiques avec Cuba.

Washington, avril
Kennedy, qui a étendu l'embargo des importations cubaines sur les marchandises ayant transité dans un port tiers, cherche en vain à éliminer les 15 à 20 % du commerce cubain réalisés avec les pays non socialistes, dont la France.

La Havane, 20 mai
Naissance de Camilo Guevara ; son prénom rend hommage à Cienfuegos.

La Havane, 20 octobre
Le Che délivre un discours sur les devoirs du jeune communiste et sur la liberté.

Washington, 29 octobre
John Kennedy interdit tout triomphalisme. Il cite le duc de Wellington après Waterloo : « C'était rudement juste. »

La Havane, 19 novembre
Après deux semaines de négociations avec Mikoyan, Fidel met en garde l'opinion contre toute agressivité à l'encontre de l'URSS, « l'amie généreuse ».

La Havane, novembre
Castro rend compte à la télévision des négociations avec U Thant, secrétaire général de l'ONU. Il conditionne la venue d'observateurs onusiens à la fermeture de Guantánamo.

Cuba, 24 décembre
Les entreprises commerciales privées de quincaillerie, textile, chaussures, sont nationalisées, sauf celles qui sont gérées par le propriétaire et sa famille.

Les mauvais résultats économiques excitent la colère de Fidel

Ministre de l'Industrie, le Che fait tout pour que les résultats coïncident avec les objectifs économiques du plan.

La Havane, mars
Le Che fait grise mine, il n'est pas le seul. La *zafra* « pèse » 4,8 millions de tonnes au lieu de 6,5 un an plus tôt. Les directives du plan sont fausses, choisir les usines à la place de l'agriculture est une erreur. René Dumont, expert agronome français, remue le couteau dans la plaie. Les fermes d'Etat qui ont remplacé les coopératives produisent avant tout l'irresponsabilité des travailleurs. Le bilan des usines accentue l'échec de la gestion. Les médiocres produits achetés à l'Est reflètent la qualité des usines vendues à Cuba. Il faut changer. Le Che, partagé entre son bureau et les entreprises, prend des notes. Il a un diagnostic moral. Seuls les stimulants moraux encouragent l'homme à améliorer ses qualités, à devenir plus humain. Castro en est convaincu. Le 26 mars, il dénonce le « sectarisme » qui noyaute l'Etat. Le PSP en fait les frais, puni d'avoir préféré la profitable fidélité de ses hommes et sacrifié les compétences.

Le procès public des 1 300 envahisseurs de la baie des Cochons

La Havane, 7 avril
Le procureur a requis et obtenu la prison pour les mercenaires, tous vêtus de la *guayabera* blanche, la chemise longue traditionnelle de Cuba. Un uniforme ? Convaincus de leur victoire, ils avaient emporté ce vêtement d'apparat pour défiler sur le Malecón, applaudis par le peuple reconnaissant. Leur origine sociale et leurs buts ont été mis en lumière : ils sont 100 latifundistes et 24 grands propriétaires, 67 possédants de biens immobiliers, 112 hommes d'affaires, 194 ex-militaires et autres sbires de la tyrannie ; 179 d'entre eux sont rentiers, 35 gros industriels ; enfin, 112 prolétaires. Ils voulaient récupérer 371 711 hectares de terres agricoles, 9 666 immeubles, plus 70 sociétés industrielles, 10 raffineries de sucre, 3 banques commerciales, 5 mines, 12 bars et cabarets.

Ils portent la chemise qu'ils avaient prévue pour le défilé de la victoire.

La tension monte à nouveau avec les Etats-Unis

Le lobby cubain de Floride s'énerve

Etats-Unis, juillet
Il ne passe pas un jour sans que la presse cubaine de Floride, les radios et chaînes de télévision *gusanos* ne dénoncent le régime castriste. Une fuite venue d'un agent cubain qui opère dans l'île sert de déclic. Il a entendu, lors d'une *fiesta*, Fidel s'épancher : « Nous combattrons jusqu'à la mort et vaincrons peut-être car nous avons des armes atomiques. » La question des fusées à Cuba reste sans réponse. En face, on redoute une autre invasion. Les actes de terrorisme se multiplient à Cuba depuis son exclusion de l'OEA votée à la conférence de Punta del Este en février. De plus, en mer des Caraïbes, 40 000 marines effectuent des manœuvres. But : tuer un tyran insulaire ; nom de code : ORTSAC.

Le Che part en voyage technique à Moscou

Yalta, 3 septembre
Soviétiques et Cubains publient un communiqué commun qui livre le contenu des accords signés par le Che : assistance technique aussi bien dans la sidérurgie que l'agriculture, et programme de développement du secteur hydroélectrique. Une aide militaire est mentionnée sans plus de précisions...

Depuis 1959, les rapports Guevara-Khrouchtchev sont empreints de confiance.

Communiqué sec et lourdes menaces

New York, 8 octobre
Alors, pointant son index, Dorticos a menacé : « Nous voulons vous mettre en garde contre toute erreur : une agression contre Cuba pourrait, à notre grand regret et contre nos vœux, donner le signal d'une nouvelle guerre mondiale. » Un lourd silence accompagne le retour de l'orateur à son siège dans la salle plénière de l'ONU. Quelle menace ? Comment la guerre ? Les diplomates pèsent et supputent. Ahmed Ben Bella interroge John Kennedy à Washington. La confrontation est-elle inévitable ? « Mais non », répond JFK, s'il n'y a pas de fusées. Oui dans le cas contraire. Ambassadeur à Washington, Anatoly Dobrynine, à la suite du communiqué de Yalta, voulut rassurer JFK. Sans succès. ▷

La crise des missiles éclate au grand jour

Le monde entier retient son souffle

Washington, 22 octobre
Il est 19 heures. A l'écran, apparaît le président. Sa voix est ferme, ses mots font peur : « C'est là le prix de la liberté. » Est-on en guerre ? Tout près. Cuba est mis en quarantaine. Tout navire qui s'aviserait de forcer le blocus commettrait un acte de guerre. Que s'est-il passé ? Au matin du 16, Kennedy a vu, posés sur son bureau, les clichés irréfutables qu'a rapportés un U-2. Les fusées SAM soviétiques sont pointées sur son pays. A 11 h 45, la cellule de crise analyse la nature du danger. Dans l'après-midi, ils se réunissent encore. JFK écoute. Faucons et colombes prennent tour à tour le dessus. Bombardements massifs sur les rampes de missiles. Risqué, affirme l'homme du Pentagone, la marge d'erreur, de 10 % au moins, laisse la réplique possible et le risque de se faire vitrifier. Blocus, blocus, s'écrie une colombe. Quarantaine, reprend Kennedy. Le terme, moins guerrier, désigne une action aussi efficace. Le choix est fait. Le secret, imposé. Le 18, Andreï Gromyko, ministre russe des Affaires étrangères, finassait, JFK ne pipait mot. Mais il n'avait plus de doute. Les alliés consultés sont solidaires. De Gaulle, égal à lui-même, prédit que la fermeté paiera.

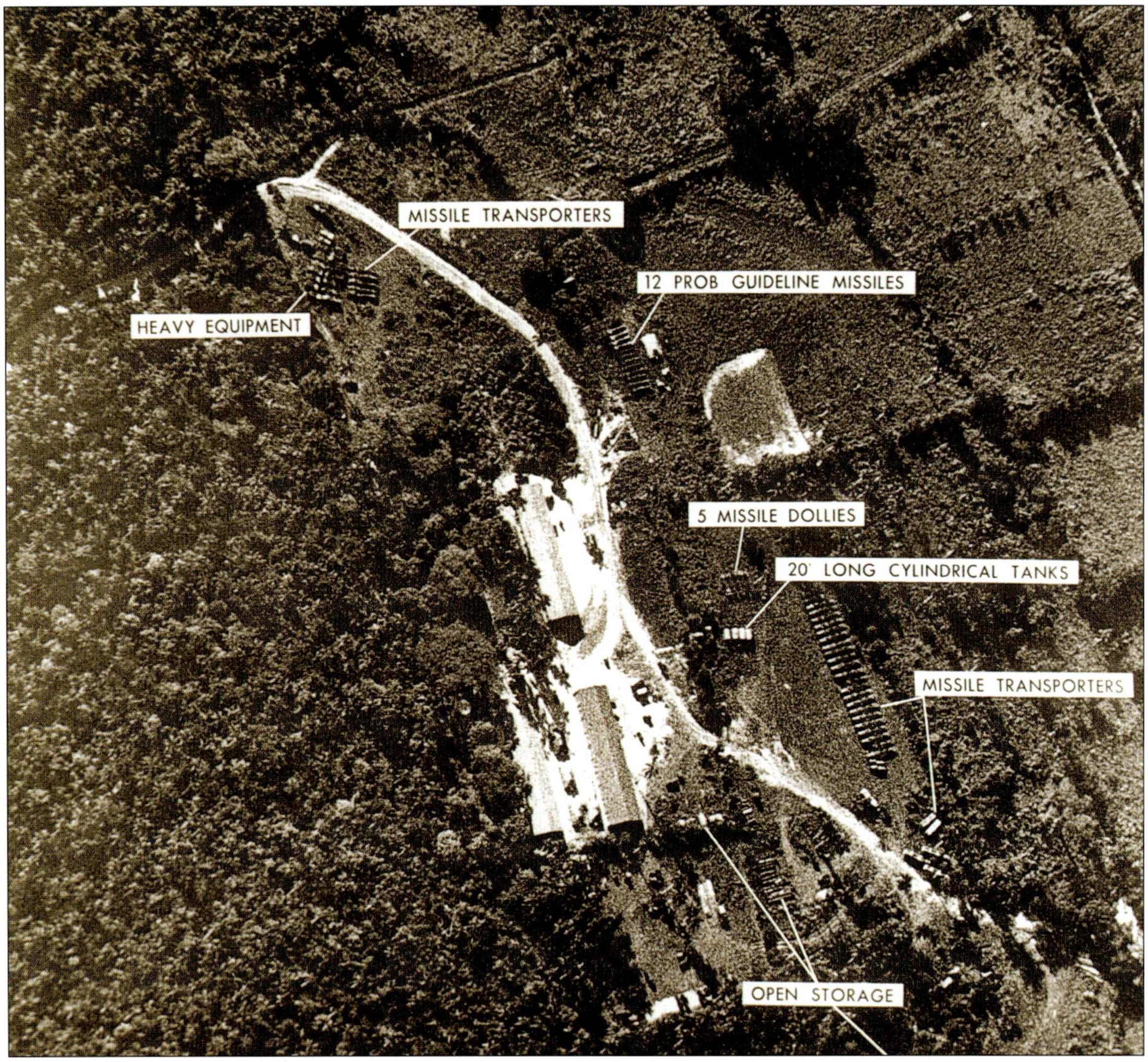

Les preuves de la présence de missiles soviétiques sur le territoire cubain sont diffusées dans le monde entier.

Kennedy met ses menaces à exécution

Mer des Caraïbes, 26 octobre
Le *Marucla* est le premier navire à se faire arraisonner par la Navy. Il est neutre, enregistré au Liban et bat pavillon panaméen. John Kennedy est pessimiste, le cordon sanitaire de 1 300 km de rayon est voué à être violé par des bâtiments chargés d'armes. Il pressent l'invasion. Elle est planifiée, 6 millions de tracts ont été imprimés en espagnol, destinés aux Cubains. Néanmoins, il importe de montrer de la détermination. La Navy s'y emploie en désobéissant. Par crainte des Mig, elle a refusé de réduire la zone interdite à 800 km, ce qui donnerait plus de temps aux navires russes qui s'approchent.

Le 17 octobre, Ben Bella, chef de l'Algérie indépendante, se rend à Cuba en pleine crise. Il poursuit son voyage à Washington, où il voit Kennedy.

La partie d'échecs s'élargit à l'Otan

Washington, 28 octobre
Un télex envoyé de Moscou exige que soit inclus dans les négociations le démantèlement des fusées que l'Otan a installées à Berlin et en Turquie. JFK peste. Sa stratégie se fissure, il dictait ses conditions, il se retrouve otage de fusées vétustes dont il a désapprouvé l'installation. Le 26, un télex véhément envoyé par Khrouchtchev, tour à tour, décrivait l'apocalypse et dénonçait un Castro incontrôlable, accroché aux fusées « défensives ». Lu entre les lignes, un certain apaisement se devinait. John Kennedy décide de s'en tenir au marché initial. Pas de fusées à Cuba, pas d'invasion de l'île.

Nikita Khrouchtchev préfère se retirer du jeu

Cuba, 29 octobre
Fidel Castro a la barbe des mauvais jours. Tout s'est joué dans son dos. Radio Moscou diffuse la lettre que Khrouchtchev a envoyée hier à John Kennedy. Les Soviétiques ont cédé. Ils ont donné l'ordre à leurs navires de faire demi-tour. Le message de Monsieur K s'efforce de cacher la honte : « Je comprends très bien votre anxiété et l'anxiété du peuple américain. » Les fusées SAM seront démantelées. Il s'est lourdement trompé. Lors du sommet de Vienne l'an dernier, il a cru voir en JFK un jeune homme intelligent, réfléchi certes mais inexpérimenté. Il en a oublié la sagesse et le bon sens du paysan d'Ukraine, préférées à la roublardise d'un maquignon. Le président Kennedy ne joue pas au poker, il l'avait bien dit le 22 : « Le plus dangereux est de ne rien faire. » A La Havane, les slogans vengeurs ne soulagent pas la fureur de ceux qui les scandent : « *Nikita, Nikita, mariquita, lo que se da, no se quita !* » (Nikita, petite lopette, donner c'est donner, reprendre c'est voler !) Le Che observait la crise, sans illusions, préférant avertir le peuple de la chute de la production, faute de main-d'œuvre suffisante à cause de la mobilisation. Cuba si ! Cuba seul !

Dépitée par cet abandon, la rue scande à l'adresse de Khrouchtchev : « Donner c'est donner, reprendre c'est voler ! »

Comme Fidel Castro, le Che est perplexe face à l'attitude de celui qu'il a toujours considéré comme son allié.

Un gros chèque pour la liberté

La Havane, 24 décembre
Fuera, gusanos ! Dehors, ouste ! Les derniers mercenaires prisonniers quittent Cuba pour regagner Miami. L'accord a été signé le 22. James Donovan, un avocat d'affaires de renom (il avait plaidé à Nuremberg et négocié l'échange d'espions entre Russes et Américains), a été le *missi dominici* entre les gouvernements engagés et le Comité des familles à Miami. L'accord prévoit que Cuba recevra pour 60 millions de dollars de médicaments apportés par des laboratoires américains et déduits de leurs impôts, car il n'est pas question pour l'administration de verser un cent. Le 23, tout s'arrêtait. Manquaient 2,9 millions de dollars promis contre la libération de 60 prisonniers blessés en avril 1961. Robert Kennedy a fait la quête chez un général et un cardinal de Boston.

1963 ....> 1964

De 34 à 36 ans

Alger, 3 juin 1963
Le Che est invité par Ben Bella au premier anniversaire de l'indépendance de l'Algérie.

La Havane, août 1963
Toujours passionné d'échecs, le Che joue par téléphone avec le champion du monde, l'Américain Bobby Fisher.

Cuba, 3 octobre 1963
Les exploitations agricoles de plus de 70 ha sont nationalisées, sauf celles tenues par des frères ou sœurs en commun, si chacun n'exploite pas plus de 70 ha.

Dallas, 22 novembre 1963
Kennedy est assassiné par Lee Oswald. Castro, qu'interviewe Jean Daniel, pensait de lui qu'il était susceptible d'infléchir la politique américaine appliquée à ce jour. A l'annonce de sa mort, il s'écrie : « Tout est changé, tout va changer. »

Cuba, avril 1964
Le nº 32 de *Cuba socialista* publie un article de Charles Bettelheim qui s'oppose à la planification du Che.

Brasilia, 13 mai 1964
Le Brésil rompt ses relations diplomatiques avec Cuba.

Washington, 14 mai 1964
Les Etats-Unis décrètent un embargo total avec Cuba.

Santiago, juillet 1964
Le Che retrouve Alberto Granado, qui vit à Cuba depuis deux ans et travaille dans un laboratoire.

Paris, octobre 1964
Bettelheim reçoit une lettre du Che qui l'informe de son désir de mettre en ordre ses idées qui en sont « au premier ou deuxième jour de la Création ».

Union soviétique, nov. 1964
Troisième voyage du Che.

Les machines agricoles viennent à la rescousse de l'économie

Moron, février 1963
Elles tombent à pic les coupeuses de canne. Avec ses 3,8 millions de tonnes, la *zafra* est la plus faible de ces trente dernières années. Mises en fabrication en janvier, le Che les a testées avec succès à la ferme d'Etat de Ciro Redondo. Mais c'est insuffisant. Alors que le pire était à craindre, les travailleurs ont dépassé les objectifs, stimulés par la tension liée à la crise des fusées. Ils donnent ainsi raison au Che sur les effets des stimulants moraux. Pourtant, en temps ordinaire, la productivité chute. Le Che le sait et signe dans *Cuba socialista*, la revue de son ministère, une analyse dans laquelle il dénonce les excès de la bureaucratie et plaide pour un centralisme total.

Il a eu l'initiative de faire fabriquer ces machines à couper la canne à sucre.

La peine de mort est rétablie

La Havane, 13 mars 1963
A l'occasion du sixième anniversaire du coup du 13 mars du Directoire, Fidel annonce le rétablissement de la peine capitale pour une série de crimes, vol avec violence, usage des mineurs, fraude. Sur les marches de l'université, d'où il discourt, Castro met en garde la jeunesse contre les activités des sectes religieuses. Sont dénoncés les Témoins de Jehovah, contre-révolutionnaires. Sont visés par ces mesures pénales les crimes économiques. Les réformes venues d'en haut et menées d'arrache-pied chamboulent l'organisation sociale, encouragent les inerties. Déjà existe à Guanahacabibes un camp spécial de travail, où les récalcitrants sont envoyés en rééducation. Le Che est aimé car exemplaire, craint aussi, en janséniste que guide le long terme.

Naissance de la petite Celia

La Havane, 14 juin 1963
Aleida l'a voulu ainsi. Celia, comme la grand-mère paternelle, est venue un peu plus tôt, avec le concours d'une césarienne. C'est le cadeau d'anniversaire pour Ernesto. Deux filles, un garçon pour Aleida, une autre fille qui vit toujours chez sa mère. Ernesto aime la famille mais n'a guère de temps à lui consacrer.

Honneurs et médailles pour Fidel à Moscou

Moscou, 23 mai 1963
Fidel est rasséréné. Les Soviétiques ne le laissent pas tomber. Voici cinq semaines qu'il sillonne l'immense pays. Il a visité 14 villes, une base de missiles ; sur la place Rouge a pris un bain de foule. Il clôt son périple dans les honneurs, les embrassades et les médailles. D'un seul coup d'un seul, il est décoré dans l'ordre de Lénine, reçoit l'Etoile d'or ; il est proclamé Héros de l'Union soviétique.

Fidel préfère oublier les rancœurs pour favoriser l'économie de son pays.

Vive l'avènement de l'homme nouveau !

La Havane, novembre 1963
« *Hombre lobo no! Hombre nuevo si!* » Il a mis du temps à ciseler la formule. Elle frappe les esprits, non pour son évocation de John Hobbes mais pour la constance des idées de son auteur, le Che, qui la lance en même temps que la campagne d'électrification de l'île. Sa pensée économique reflète son moralisme rigide. « Le communisme sans la morale ne m'intéresse pas », dit-il. L'homme qui bâtit la société idéale de demain se doit d'accepter le moule qui l'aide à se débarrasser des schémas anciens aliénants. Rigidité qui s'imprime aussi sur les rouages économiques, qu'il veut maîtriser avec le centralisme pour rapprocher la décision de son application.

Les marins-pêcheurs sont arraisonnés

La Havane, 21 février 1964
« Les Yanquis nous ont démontré qu'ils n'agissent pas en pirates mais en malandrins ! » Les pirates, selon la chronique, infestaient les mers de la région. Ils ont laissé un code d'honneur que Fidel n'arrive pas à reconnaître dans l'acte de la marine américaine. Le 2 février, elle avait arraisonné quatre bateaux de pêche cubains. Le 16, un juge de Key West condamnait les quatre capitaines à payer cinq cents dollars ou passer six mois au cachot. Les marins, au nombre de vingt-cinq, étaient libres. Sûr de son droit et de ses marins autorisés à naviguer et pêcher dans les eaux internationales, Fidel n'a pas attendu pour sacrifier quelques tonnes de sucre. Avec ses ministres, il les accueille en grande pompe et les félicite de « l'attitude héroïque manifestée en prison ». Les marines de Guantánamo n'ont plus soif. En représailles, Fidel avait coupé l'eau.

Eclats de voix à la tribune de l'OCDE

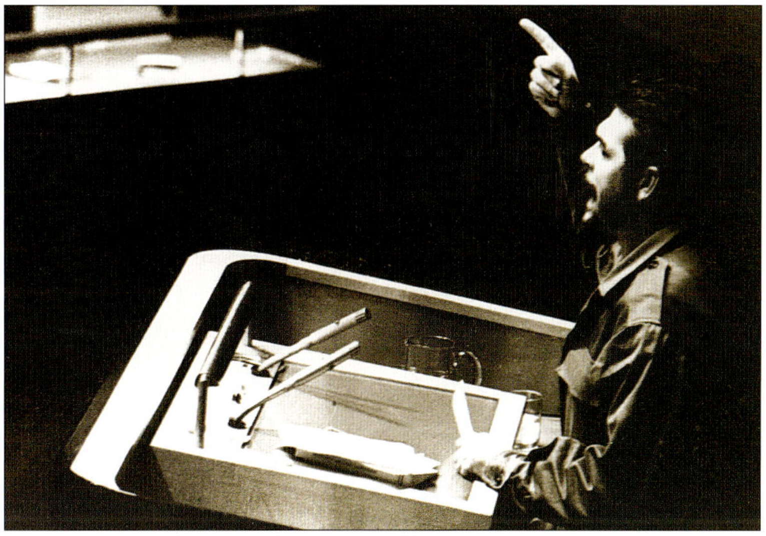

Le Che prend des accents de Malraux pour fustiger l'arrogance américaine.

Genève, 25 mars 1964
Pour la première conférence de l'OCDE qui s'ouvre au palais des Nations, les diplomates, en principe enclins aux déclarations feutrées, n'en croient pas leurs oreilles. Le Che prononce sa philippique anti-yankee. Il égrène un chapelet de griefs, circonstanciés et datés. Les Etats-Unis sont ainsi accusés d'avoir refusé de raffiner le pétrole russe, et baissé, avant de les supprimer, les quotas de sucre cubain. Il vilipende le blocus économique ainsi que les pressions exercées surtout sur les pays d'Amérique latine, pour en accroître l'efficacité. Puis juste mais malin, il s'attache à mettre des alliés de circonstance de son côté. Et de rappeler que la France, le Royaume-Uni et la Yougoslavie ne bénéficient plus de l'aide financière en matière militaire de Washington, pour oser poursuivre leur petit commerce avec Cuba. Enfin, le banquier s'agace de l'interdiction de tout transfert de dollars à Cuba. La cité de Calvin est loin de Punta del Este. Son discours ne passe pas bien. L'opinion, qui aime la mesure froide, et la presse, aussi grise que les eaux du Lac en hiver, feignent de s'interroger sur sa requête : que soient réglementés les excédents « pour défendre les prix des matières premières des pays pauvres » ? Mais alors qui va payer ?

Aucune exception pour les visites à Cuba

Washington, 8 mai 1964
Pas d'exception, même pour les hommes d'exception. Linus Pauling, citoyen américain et chimiste, est l'un des rares en ce monde à avoir reçu deux prix Nobel. Le premier, en 1954, dans sa spécialité, huit ans plus tard, à Oslo, celui de la Paix. Les cheveux rares, en complet sobre, le regard posé par-dessus les lunettes pour mesurer la hideur, il s'adresse à l'opinion. Qu'arrive-t-il au pays de la liberté ? Il est interdit d'aller à Cuba. Le danger est égal à celui que fait peser l'entrée d'un fruit par un vol d'Air France.

L'économie de pénurie se met en place

Paris, 24 octobre 1964
Blocus économique total, commerce décevant avec l'Est plus erreurs de gestion, la vie à Cuba est difficile. Tout ce qui n'est pas introuvable est rationné. Ainsi, les immeubles ne dépassent pas quatre étages car les ascenseurs font défaut. L'industrie locale ne peut y pourvoir. Le Che aime se confronter à son ami et contradicteur Charles Bettelheim, spécialiste français de l'économie planifiée, qui lui reproche d'être pressé et d'ignorer que la rentabilité et l'intérêt doivent accompagner la marche vers le communisme.

Depuis toujours, le Che excelle aux échecs. Il a rencontré les plus grands joueurs mondiaux. Ici, face à un champion de renommée internationale.

Plus d'ascenseurs : les immeubles se limiteront donc à quatre étages.

1965

De 36 à 37 ans

Conakry, 8 janvier
Rencontre entre le Che et Sékou Touré, pro-chinois.

Accra, 25 janvier
Interviewé par *Alger Soir*, le Che résume son voyage : « L'Afrique était malade, elle est aujourd'hui convalescente et ses risques de rechute viennent des colonisateurs. »

Paris, 8 février
Le Che s'accorde quelques moments de détente. Il visite le Louvre, les bouquinistes et s'assoit dans les bistrots.

La Havane, 31 mars
Fidel salue les guérilleros sur le départ : « Votre chef ? Il est meilleur soldat que moi. »

La Havane, 13 avril
Revolución publie une longue analyse du Che, « Le socialisme et l'homme nouveau à Cuba ».

Buenos Aires, 20 avril
Celia de la Serna reçoit des photos de ses petits-enfants cubains, dont celle d'Ernestito.

Kigoma (Congo), 24 juin
Arrivée du dernier contingent cubain, 39 hommes dont trois médecins. Ils sont 410 en tout.

Fort Bendera (Congo), 1er juillet
Les assaillants rebelles, des Congolais et Rwandais, se débandent. La bataille tourne mal. Le but, faire du bruit dans le monde, échoue.

La Havane, 29 septembre
Arrivée du Marocain Mehdi Ben Barka, opposant au roi et responsable de la préparation de la Tricontinentale, conférence pour la solidarité des peuples d'Afrique, d'Asie et d'Amérique.

Paris, 29 octobre
Mehdi Ben Barka est enlevé devant la brasserie Lipp.

A Alger, le Che fait le procès de l'URSS

Alger, 24 février
« Les pays socialistes doivent payer le développement des pays qui s'engagent sur la voie de la libération. » Le ton est donné, le Che s'adresse aux délégués venus de 35 pays dont l'URSS, objet de son ire, jamais nommée mais toujours visée, et la Chine. Le séminaire que préside Ben Bella a pour but de dégager des lignes d'action commune afin de renforcer la solidarité des pays afro-asiatiques. Le thème est pain bénit pour le Che. Il n'a jamais été dupe de la rhétorique des partis ou gouvernements révolutionnaires. Au cœur des responsabilités, il a vécu les déceptions de la solidarité, immolée *in fine* à la raison d'Etat. Dans le domaine économique, il a vu pis, il le dit : « Les pays socialistes sont dans une certaine mesure les complices de l'exploitation capitaliste. Il faut une conception nouvelle des rapports internationaux axée sur trois principes : partage des connaissances par le don des progrès et non le paiement de brevets ; respect des cultures, les techniciens envoyés prêter main-forte se doivent de s'exprimer dans la langue de leurs hôtes. Enfin, gratuité des fusils, les armes ne sont pas des marchandises. » Nul n'avait à ce jour osé asséner pareil camouflet. Aucune protestation ne s'élève. Les tiroirs de la mémoire sont jalousement bouclés. Le Che sait que sa diatribe a porté. Egale sincérité dans l'éloge et la critique, c'est Gide de retour d'URSS.

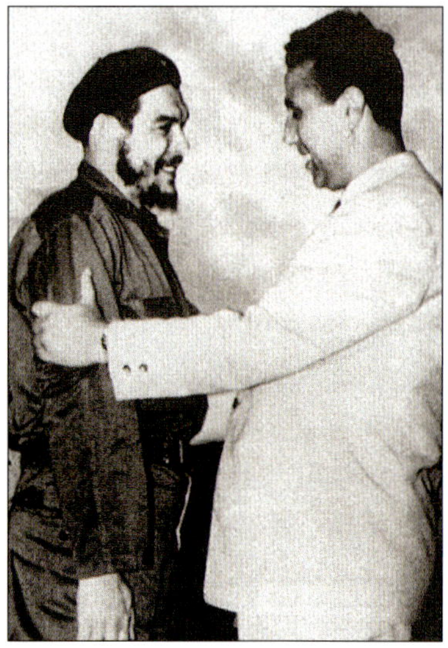

Une amitié sincère avec Ben Bella.

Son petit dernier se prénomme Ernesto

Aleida lui a donné quatre enfants : Ernesto, Camilo, Aleida et Celia.

La Havane, 24 février
Ernesto Guevara, troisième du nom, est né. La fidélité à l'endroit de l'ami disparu, Camilo, n'avait que différé le respect de la tradition. Le fils, l'un d'entre eux tout au moins, porte le nom du père. Quatrième enfant en quatre ans et deux mois, la famille s'agrandit. Peut-être pour combler les absences du père. Il est à Alger où il s'adresse à l'Histoire, pense et parle au nom des peuples opprimés.

Quatre mois de périple d'Afrique en Asie

Le Caire, mars
A son ami Nasser, le Che ouvre son cœur. Il veut porter le fer et le feu dans la plaie purulente du Congo, saigné par l'impérialisme. Le Grand Maure le met en garde. Que peut un Blanc dans une guerre opposant, sur le terrain, des Noirs dont le combat politique cache bien des aspects d'ordres clanique ou ethnique ? Que fait-il de la géopolitique ? L'heure est à la coexistence pacifique qui bannit l'interventionnisme. En Chine, d'où il revient, ses interlocuteurs se sont montrés intéressés mais prudents. Il ne peut compter sur leur aide. Les pays africains visités lui ont signalé l'urgence de toutes les solidarités.

Une explication entre quat'z-yeux

La Havane, 15 mars
Ils n'ont pas perdu de temps. Fidel a emmené le Che dès sa descente d'avion pour une explication à deux. Que signifie cette « sortie » contre l'Union soviétique ? Certes, il y a eu les fusées. Lui-même, qui en est à son second séjour à Moscou depuis janvier, n'a-t-il pas signifié *primo* que Cuba est fidéliste, les vieux du PSP envoyés au rancart, *secundo* que la place de Cuba aux Amériques vaut son pesant de roubles, ou plutôt de pétrole, d'usines et de canons ? Les erreurs économiques, création de l'industrie lourde *ex nihilo* et à marche forcée, coûtent cher. C'est Moscou qui rectifie la trajectoire, et Cuba se donne une industrie agro-alimentaire. Ces ajustements nécessaires ont poussé le Che à prendre de la distance. Jamais Fidel ne l'a désavoué, il est d'accord sur le principe de la solidarité entre les peuples sur la voie du progrès. Oui Cuba se veut le fer de lance de la lutte sur les continents. En 1948, le *bogotazo* lui a révélé le destin de l'île à s'ériger en modèle. Il approuve la théorie des *focos* révolutionnaires, foyers à installer partout où domine, exploite, écrase l'impérialisme afin de le harceler, diviser ses forces et révéler ses contradictions, jeter la discorde chez ses alliés. Rendu fou, il rugira son impuissance puis sera abattu. Les yeux du Che brillent.

Il change d'apparence pour se battre

La Havane, 28 mars
Osmany Cienfuegos, le jeune frère de Camilo, présente au capitaine Victor Dreke, un Noir longiligne qui s'apprête à partir pour le Congo, un Blanc aux cheveux courts, visage glabre, lunettes. Il s'appelle Ramón. Quand le soldat entend que cet homme est le Che, il se lève, le scrute, incrédule. Le stratagème a réussi. La mission peut commencer. Pour donner le change, le Che a pris congé de ses collaborateurs, dans le grand salon du ministère. La troupe des 136 volontaires a la particularité d'être composée de Noirs, hormis cinq exceptions. Ils se sont entraînés dans un camp discret à Candelaria, près de Pinar del Río. En Afrique, ils vont retrouver leurs racines.

Pour passer les frontières plus facilement, il doit préserver son anonymat.

Le Che a disparu dans la nature

Congo, 22 mai
Osmany Cienfuegos arrive au camp des « Congolais » porteur des toutes dernières nouvelles du monde. Ce dernier précisément n'en finit pas de questionner : « Où est le Che ? » Il n'en finit pas non plus d'apporter les réponses. Il est, car on l'y a vu, dans un hôpital psychiatrique à Mexico, en prison à Cuba. Au Viêt-nam à épauler l'armée de libération qu'il admire et qui a le mérite d'affronter en direct les Yankees. En avril, il leur tirait dessus à Saint-Domingue, quand les Etats-Unis y débarquaient pour éviter un autre Cuba. Fidel, assailli de questions, répondit : « Le *comandante* Guevara est là où il sert le mieux la révolution. »

Un cancer emporte sa mère après que la police l'eut harcelée

Buenos Aires, 19 mai
Celia de la Serna est morte, à 58 ans, d'un cancer. La maladie habitait son corps depuis des années. Son fils Ernesto faisait sa médecine, en 1948, quand elle dut se faire opérer d'un sein. « Là, Ernesto a perdu sa sérénité », confie le père. Cuba et sa révolution l'ont séduite. De retour de son séjour initial, elle a rapporté une série d'articles publiés dans *Vanguardia*, journal communiste d'Argentine. Au fil des ans, inspirée par l'exemple de son fils, elle croyait en la révolution armée, capable, elle seule, de libérer les pays d'Amérique latine. Ses engagements politiques lui ont valu deux mois de prison à Buenos Aires, au motif qu'elle était la mère du Che. Dossier vide, dit le juge Kennedy qui, à deux heures du matin, signa son élargissement. Elle n'a pu attendre la lettre d'Ernesto, dont elle ignorait la mission. Ses questions embarrassèrent Aleida, ce qui la tarauda. Un mois plus tard, Ernesto sut en lisant *Bohemia*.

Son attitude à Alger, où il a tiré à boulets rouges sur l'URSS, consterne. Le Che s'est fermé bien des portes.

L'opération *Congo* se déroule mal

Congo, août
Tatu est le nom de guerre du Che. C'est le chiffre trois, en swahili, la langue de communication de l'Afrique orientale. Le Che a choisi ce numéro, laissant le un à Dreke pour éviter que les guérilleros congolais pensent avoir affaire à un Blanc, fût-il révolutionnaire, qui les commanderait. Tôt, cependant, la réalité remit chacun à sa place. La réalité encore agresse les Cubains. Elle est bien loin leur île. La terre des ancêtres dévoile des aspects désagréables. Les pluies diluviennes et la faune, les serpents notamment, sont un cauchemar. La nourriture est assez rare, hormis les bananes. Les populations, disséminées, ne se sentent guère concernées. Enfin, la langue est une difficulté que le Che entend bien contourner. Il voit en Freddy Ilunga le type du guérillero d'avant-garde. Il parle français, ce qui rend bien des services au Che qui propose un marché : une leçon d'espagnol pour une de swahili. Plus que la langue, le Che se heurte aux mentalités. L'ordre, la discipline et l'idéologie n'ont guère de points communs entre les Cubains et leurs alliés. Les rares combats restent sans effet, localisés dans le Sud-Kivu. A l'est du lac Tanganyika, la Tanzanie de Julius Nyerere où les chefs de la guérilla s'éternisent. Le Katanga où périt Lumumba est au sud.

1966

De 37 à 38 ans

Cuba, février
De retour du Congo, Pombo explique que le sort de la guérilla s'est joué à Accra lors du sommet de l'OUA. Les Tanzaniens ont peu à peu confisqué le matériel des guérilleros congolais, qui ont quitté, faute de leaders, les rangs de la guérilla.

Bolivie, 4 juillet
Le général René Barrientos est élu président.

Bolivie, juillet
Arrivée de Pombo, le capitaine Harry Villegas, et de Tuma, le lieutenant Carlos Coello, garde du corps du Che depuis 1959. La langue swahili fournit le pseudonyme de beaucoup.

La Paz, juillet
Pombo rencontre à plusieurs reprises Mario Monje, le secrétaire général du Parti communiste bolivien (PCB) ; des Péruviens de l'ELN, armée de libération nationale, sont incorporés.

Bolivie, septembre
Grève des mineurs de Siglo XX et Huanuni. Arrivée de Régis Debray (Danton ou Francès) pour explorer les régions du Haut-Béni et du Chapara et examiner à La Paz les dispositions prises par Moisés Guevara.

La Paz, septembre
Tensions et entrevues orageuses entre Pombo et Mario Monje alarmé par les préparatifs, tensions aussi avec le PCB.

Cuba, décembre
Visite de Mario Monje pour la préparation de la guérilla. Les deux parties feignent de se satisfaire de propos vagues, chacun croyant ce qui l'arrange.

L'union de trois continents à La Havane

La Havane, février
Quatre cents délégués venus de trois continents ont consacré le triomphe de Fidel Castro. Du 3 au 13 janvier, toutes les familles de gauche ont tu leurs divergences, même si la Chine a tiré des bordées anti révisionnistes visant l'URSS, et affirmé le combat contre l'impérialisme à l'unanimité. Les Vietnamiens du Sud restent les chouchous. Des observateurs dont l'engagement pour la cause est servi par la notoriété ont su en amplifier l'écho, Joséphine Baker, militante du Sud profond, Régis Debray dont *la Longue Marche* a été remarquée à Cuba. Le Che a envoyé des articles qui ont été publiés dans la revue de la réunion.

Le bilan mitigé de sa mission au Congo

Prague, février
Le Che ne va pas fort, il serait même plutôt dépressif. Tout se conjugue pour le faire douter. Sa mission au Congo a été un fiasco militaire et son intransigeance le pousse à s'en croire responsable. Que faire, se dit-il, où aller ? Sa lettre pour Castro a été rendue publique, a-t-il encore une place à Cuba ? Il s'enterre en Bohême, relit ses carnets de route congolais. « Nous ne pouvons pas libérer tout seuls un pays qui ne veut pas se battre. Il faut créer cet esprit de combat et partir à la recherche des soldats avec la lanterne de Diogène et la patience de Job. Ce qui tient de la mission impossible, vu la merde ambiante. » Laurent Kabila en tête, les chefs rebelles, riches des subsides et de l'assistance du camp progressiste, choisissent la stratégie de l'attentisme, qui a la vertu de leur laisser le temps de vivre. Kabila, par exemple, s'est rendu dans le camp du Che accompagné de mulâtresses guinéennes et d'un chargement de whisky. Les Cubains ne rentrent pas les mains vides, ils ont appris de l'Afrique et de la guérilla aux côtés des Africains. Mais la politique du monde commande le retrait, même Nyerere a fini par supprimer son aide aux Cubains. Pour l'instant.

Il s'épuise à faire appliquer aux Congolais sa méthode de la guérilla.

La lettre à Fidel ou son bilan politique

« D'autres terres du monde réclament le concours de mes modestes efforts [...]. L'heure est venue de nous séparer [...]. Je le fais avec un mélange de joie et de douleur [...]. Je renonce formellement à mes charges à la direction du parti, à mon poste de ministre, à mon grade de commandant, à ma condition de Cubain. Rien de légal ne me lie à Cuba. Je répète que je libère Cuba de toute responsabilité [...]. Je me suis toujours identifié à tous les aspects de la politique extérieure de notre Révolution. J'ai accompli la part de mon devoir qui me liait à la Révolution cubaine sur son territoire. Je ne laisse aucun bien matériel à mes enfants et à ma femme et ne le regrette point : il me plaît qu'il en soit ainsi. Je ne demande rien pour eux car l'Etat leur donnera ce qui suffit pour vivre et s'éduquer [...]. Ma seule faute de quelque gravité est de ne pas avoir eu plus de confiance en toi dès les premiers moments dans la sierra Maestra et de ne pas avoir compris assez vite tes qualités de conducteur et de révolutionnaire [...]. Je porterai sur les nouveaux champs de bataille la foi que tu m'as inculquée [...]. » Pour quoi que ce soit, où que ce soit [...], commandant en chef, à vos ordres !

Lettre à ses cinq enfants

« Si vous devez un jour lire cette lettre, c'est que je ne serai plus parmi vous. Vous ne vous souviendrez alors plus de moi et les plus petits m'auront oublié. Votre père a été un homme qui a agi selon sa pensée, et qui a été assurément fidèle à ses convictions. Grandissez comme de bons révolutionnaires. [...] Soyez surtout capables de sentir, au plus profond de vous-mêmes, toute injustice commise contre quiconque en quelque partie du monde. C'est la plus belle qualité d'un révolutionnaire. A toujours mes enfants, j'espère vous voir encore. »

Un petit-bourgeois fonctionnaire entre en Bolivie

Même sa propre fille ne le reconnaît pas

La Havane, octobre
Le Che n'a pas pu partir pour la Bolivie sans revoir sa femme et les enfants qu'ils ont eus ensemble. Pas Hildita, qui a onze ans et pourrait le reconnaître et parler. Le Che est méconnaissable. Son maquillage, œuvre des services spéciaux, est confondant de vérité. Un vrai petit-bourgeois. Son passeport uruguayen en atteste, Ramón Benitez est un fonctionnaire. C'est sous ce prénom qu'il se présente aux enfants, ami de papa et espagnol. L'aînée, Aleidita, se montre dubitative : « Tu as l'air argentin. » Gardant son contrôle, Ramón lui demande pourquoi. Elle ne sait pas répondre. Il s'assoit, elle objecte alors que c'est la place de son père. Le gentil monsieur leur offre des caramels en partant.

Sous ce « camouflage », Fidel présente le Che à ses compagnons. La supercherie est parfaite. Personne ne le reconnaît.

Un trajet compliqué pour brouiller les pistes

La Paz, 3 novembre
Le señor Adolfo Mena arrive à l'aéroport. Son passeport uruguayen n°130748 le présente comme un fonctionnaire de l'OEA. L'humour est de mise dans ces circonstances, Cuba en est exclu. Ses lunettes et chapeau, complet gris et cravate sombre sont dans le ton. Le Che débarque de Madrid via Sao Paulo. Pour brouiller les pistes, car la CIA surveille les vols internationaux, il quitta La Havane pour Moscou et Prague avant de poursuivre jusqu'à Paris. Adolfo Mena et Raúl Borges, entrés par la route, l'accueillent.

Le Che part pour le maquis dès son arrivée

Ñancahuazu, 7 novembre
Le Che ne s'est pas attardé à La Paz, qu'il a quittée à 6 h 30 du matin il y a deux jours. Juste le temps de faire le point avec José María Martínez Tamayo (Ricardo), Harry Villegas (Pombo) et Carlos Coello (Tuma). Il a demandé à Tamara Bunke Bider, dite Tania, de rester à La Paz où elle vit depuis un an, introduite au palais présidentiel, pour y espionner. Le Che, trois Cubains et Jorge Vásquez Viaña, Bolivien conducteur de la Jeep, sont arrivés à la ferme achetée, appelée *La Calamina*. Le lieu est couvert de forêts grises et d'épineux.

Sur la route qui les emmène au camp, avec quelques-uns de ses compagnons cubains. Le Che est le troisième à droite.

La Bolivie est un choix stratégique

Ñancahuazu, 7 novembre
Les doutes nourris pendant et après le Congo se sont évanouis. A son retour, le Che et Fidel se sont mis d'accord sur une stratégie visant à installer au cœur de l'Amérique un centre pour y former les guérilleros de tous les pays latino-américains ; la révolution ne viendra que plus tard. La Bolivie, qui partage ses frontières avec cinq pays, Chili, Pérou, Brésil, Paraguay, Argentine, est la colonne vertébrale du cône sud. Peu peuplée, cinq millions d'habitants pour un million de km^2, le Che y voit un pays voisin du sien. Régis Debray, arrivé en septembre, a étudié le Haut-Béni plus peuplé. Le Ñancahuazu désert s'est imposé en dernier lieu.

1967

De 38 à 39 ans

Iripiti (Ñancahuazu), 10 avril
Embuscade victorieuse de la guérilla, 2 officiers et 30 soldats sont faits prisonniers. Le capitaine Suarez Gayol, dit Rubio, est tué.

Ñancahuazu, 10 avril
Témoignage de Benigno : « Nous avons failli tuer Barrientos, il était avec une patrouille à notre recherche. »

Ñancahuazu, 5 mai
Témoignage de Benigno : « Lors de l'embuscade, j'ai troué trois hommes, le Che était à mes côtés. Lorsque je me suis retourné, il fumait la pipe, paisible. »

Chili, 7 mai
Juan Lechín, leader ouvrier et ancien vice-président de la République, est arrêté dans le port militaire d'Arica.

Ñancahuazu, 8 mai
Tout le mois, c'est la terreur. Des paysans sont arrêtés et torturés pour connivence prétendue avec la guérilla.

Ñancahuazu, 3 juin
Journal du Che : « Je n'ai pas eu le courage de tirer sur deux soldats dans un camion. »

Bolivie, 7 juin
Le gouvernement décrète l'état d'urgence dans tout le pays.

Ñancahuazu, 14 juin
Journal du Che : « 39 ans, âge qui donne à réfléchir sur mon avenir. Pour l'heure, je suis entier. Altitude 840 mètres. »

Ñancahuazu, 26 juin
Journal du Che : « Tuma, foie perforé, est mort lors de l'opération. Inséparable compagnon, j'ai perdu un fils. »

Ñancahuazu, 7 octobre
Le journal du Che s'arrête à cette date.

En Bolivie encore, il tient son journal

Ñancahuazu, 1er janvier
Le Che ouvre son journal le jour de son arrivée à la ferme. L'agenda rouge est de facture allemande. Au dos, une étiquette : Carl Klippel Kaiser Strasse, 75 Frankfurt. Les premiers mots : « Une nouvelle étape commence aujourd'hui. » L'écriture est fine, pas de ratures, des noms soulignés. Jusqu'à la fin de l'année, il relate l'organisation du camp, les travaux d'aménagement, les courtes explorations alentour. La chasse est maigre, une seule paonne sauvage. Des bobos, une arcade ouverte par un éclat de bois débité en bûches. Mario Monje, le nº1 du PC bolivien, est parti ce matin, sa visite est relatée sur un ton neutre. Il est aligné sur Moscou et ne collabore pas. En novembre, il était en Bulgarie.

Son naturel reprend le dessus.

Le décompte des premières déceptions

Ñancahuazu, 28 février
Trois mois se sont écoulés. Rien ne laisse espérer une évolution positive. La vie est rude, la nourriture rare. Des guérilleros se disputent pour un rien. En traversant le río Grande en crue, l'un d'eux s'est noyé. Ils ne sont que 53 en tout, au lieu de 250 escomptés en fin d'année. Les partis communistes sud-américains sont opposés à la lutte armée. Ils la considèrent comme une stratégie de petits-bourgeois, fort éloignée des masses populaires. Les Jeunesses communistes boliviennes ont exclu leurs membres qui ont rejoint le Che. Il sait qu'il n'a rien à espérer de la part de Mario Monje. Ce dernier veut diriger la guérilla. Le Che agit comme dans la sierra Maestra.

Le combat s'engage prématurément

Ñancahuazu, 31 mars
Coco Peredo surgit en trombe au camp. L'armée est tombée dans l'embuscade que lui ont tendue les guérilleros de l'arrière-garde. Elle a perdu 7 soldats, tués, des armes en quantité. Le Che, allongé dans son hamac, laisse tomber son livre, se dresse sur ses pieds et pousse un cri de guerre. Le soulagement vient à point nommé, pourtant il prévoyait d'engager les hostilités après une année de présence, au mieux pour le 26 juillet, en hommage au *jefe*. Les circonstances ont modifié son plan. Parti avec 26 hommes dans le nord jusqu'au río Grande, le 1er février, le Che pensait retourner après une quinzaine de jours. Mais c'est le 20 mars seulement qu'ils ont retrouvé le campement. Le crapahutage d'entraînement s'est transformé en une hallucinante marche forcée. Ils y ont laissé leurs forces, affamés, blessés, malades. Dans leur absence, l'armée alertée par ses informateurs a repéré cinq guérilleros qu'elle soupçonne d'être des trafiquants de cocaïne. De plus, le Che ignore que Tania a été identifiée. Il choisit de rester défendre le camp donc perd la mobilité et l'initiative. Debray, dit Danton, est arrivé avec Tania.

Le slogan du Che, « Créer deux, trois, de nombreux Viêt-nam », contre l'impérialisme américain fait florès.

Hostile, le maquis bolivien piège les guérilleros

Des déserteurs bien trop bavards

Ñancahuazu, mars
Deux déserteurs ont fait défection le 28 février, deux Boliviens recrutés par le mineur Moisés Guevara, vingt-huit ans, homonyme du Che. Moisés est un dissident du PCB. Pro-maoïste, il a rejoint la guérilla avec quelques éléments de valeur dont Loyola Guzmán, 19 ans, la trésorière du groupe. Sur les vingt éléments promis, il n'est arrivé qu'avec une poignée de mineurs peu motivés. Vicente Rocabado est l'un de ceux-là. L'ancien membre de la police criminelle, qui a été renvoyé pour malversation, se met à table.

Hostilité du terrain, faim, maladies

Ñancahuazu, mars
La « longue marche » des guérilleros leur a réservé des surprises dont ils se seraient passés. La forêt ne se pénètre qu'à coups de machette, ce qui expliquerait l'absence de gibier. Ils sont amenés à tuer leurs chevaux, comme dans la guérilla à Cuba. Des hommes ont des œdèmes aux pieds, signe de malnutrition, leurs doigts sont si gonflés qu'ils ont peine à tirer sur la détente du fusil. Les tiques les harcèlent. Le Che souffre mille morts, accablé par son asthme.

Régis Debray tombe dans les mailles du filet

Régis Debray en prison avec son geôlier, le commandant Luis Reque Terán.

Ñancahuazu, 27 avril
L'affaire Debray et de la guérilla du Che commence son tour du monde. Enfin, on a retrouvé le guérillero en Bolivie, des étrangers autour de lui. Le Français, que le Che préférait en France pour assurer la propagande, s'est fait arrêter il y a une semaine à Muyupampa, avec l'Argentin Ciro Roberto Bustos et George Andrew Roth, qui, la veille, avait interviewé le Che. Bustos a parlé et dessiné 18 portraits. Debray, tabassé, était dans le coma. Les joues mal rasées de Debray, les papiers et photos de Bustos les ont dénoncés. La CIA, mise en appétit, a contrarié l'ébriété haineuse des soudards.

La population est hostile aux rebelles

Ñancahuazu, 19 juin
« Il faut traquer les habitants pour pouvoir parler avec eux car ils sont comme des petits animaux. » Sur ce plan encore, le déroulement des opérations tranche avec celui de la sierra Maestra. La lutte armée dans un site désert ne peut soulever que l'interrogation. Le Che n'a pas choisi le Ñancahuazu où il s'installa pour ouvrir un camp de formation et d'entraînement. Sa guérilla n'est entendue que de l'armée, informée par les rares paysans guaranis pour qui elle représente le seul lien avec l'extérieur et le seul secours.

Les mines de sang de la Saint-Jean

Bolivie, 24 juin
Au petit matin, l'armée investit les mines d'étain de Catavi et Siglo XX. La Saint-Jean est jour de fête. Dans les quartiers des syndicats mugissent les sirènes. La mitraille ne laisse guère le temps à l'étonnement. L'écho de la guérilla a suscité chez les mineurs un élan de solidarité que le pouvoir militaire veut étouffer en même temps qu'il en décapite les organisateurs. En 1965, il a imposé au canon la baisse des salaires exigée par le capital étranger de retour.

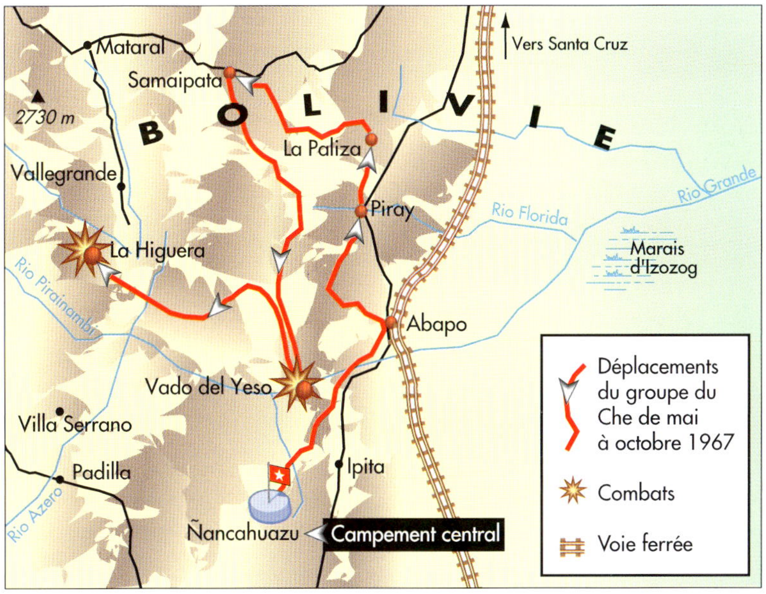

Les écoles dans la région du Ñancahuazu sont rares. Ici, celle de La Higuera. ▷

La ratière bolivienne fonctionne, la fin approche

Les éléments se liguent contre lui : mauvaise santé, terrain politique difficile, guérilleros usés ou aux abonnés absents... Son sens de la stratégie s'émousse.

La tragique fin de l'espionne Tania

La Paz, 8 septembre
Le général-président Barrientos a assisté à l'inhumation de Tania la guérillera, annonce la radio. « Jai tenu à m'assurer qu'elle a eu une sépulture chrétienne », a-t-il déclaré. Tania était connue en Bolivie sous l'identité de Laura Gutiérrez. Elle est à l'origine d'une bévue qui a obligé le Che, alias Ramón, à se choisir un autre pseudo, Fernando. Vicente Rocabado, le déserteur, a aidé l'armée à mettre la main sur la Jeep que Tania avait abandonnée à Camiri. A l'intérieur, des documents et des photos. Elle est tombée avec sept de ses camarades, au milieu du gué du río Grande. Son corps a dérivé, il a été retrouvé hier. Le Che s'épuisait à les rechercher.

Le camp socialiste montre son visage

Ñancahuazu, 8 septembre
« Un journal de Budapest critique "Che" Guevara, figure pathétique et, paraît-il, irresponsable, et salue l'attitude marxiste du parti chilien qui prend des positions pratiques face à l'action. Comme j'aimerais arriver au pouvoir, uniquement pour démasquer les lâches et les laquais de tout poil et leur frotter le museau dans leurs cochonneries. » Le Che n'est pas du genre à étaler ses états d'âme. Le venin distillé par les orthodoxes moscoutaires a fini par le blesser. Jusqu'ici, il en riait. En juillet, ses amis ne l'appelaient-ils pas « Bakounine », en réponse aux mal léchés tchèques qui critiquaient son slogan, « Créer deux, trois, de nombreux Viêt-nam ».

Les soldats US entrent en scène

La Higuera, 25 septembre
Six cent cinquante hommes, troupes de rangers du régiment Manchego, équipés de pied en cap par l'armée américaine, sont acheminés à Vallegrande et à La Higuera, où ont été localisés les rebelles. Barrientos n'avait aucune confiance dans ses forces, il a demandé le concours des Etats-Unis. Le 23 avril, cinq experts et une quinzaine d'anciens de Corée et du Viêt-nam, sous la férule du major Ralph Shelton, sont détachés de Fort Gullick, Panama. Mission : former les *Boïnas verdes*, les Bérets verts boliviens, dans une raffinerie de sucre désaffectée, *la Esperanza*, au nord de Santa Cruz. Détecteurs de chaleur, armes à infrarouges, cartes au 1/50 000 leur sont fournis.

Régis Debray est condamné à 30 ans

Camiri, 17 novembre
Régis Debray écope de trente ans de prison. Ainsi en a décidé le tribunal militaire. S'il échappe à la mort, la peine capitale n'est pas prévue par le code, il n'a évité ni les coups ni les pressions psychologiques comme le simulacre d'exécution. Venus le soutenir, des intellectuels se sont mobilisés pour préparer sa défense. Sa mort a été annoncée, mais sa photo publiée par *Presencia* lui a évité le pire. Edouardo Gonzales, de la CIA, Klaus Barbie qui se cachait, ont participé à l'interrogatoire. Ses notes lui ont été confisquées et son agenda jaune présenté au tribunal. Le 3 octobre, le Che écrivait : « On l'a entendu répondre, avec courage, à un étudiant provocateur. »

Dans le ravin du Churo, le Che signe sa légende

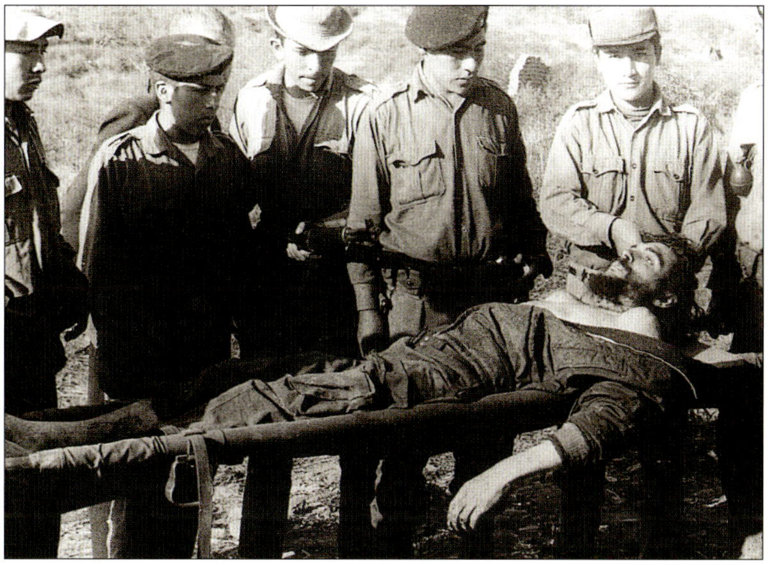

Des soldats boliviens et un agent de la CIA portent le cadavre du Che.

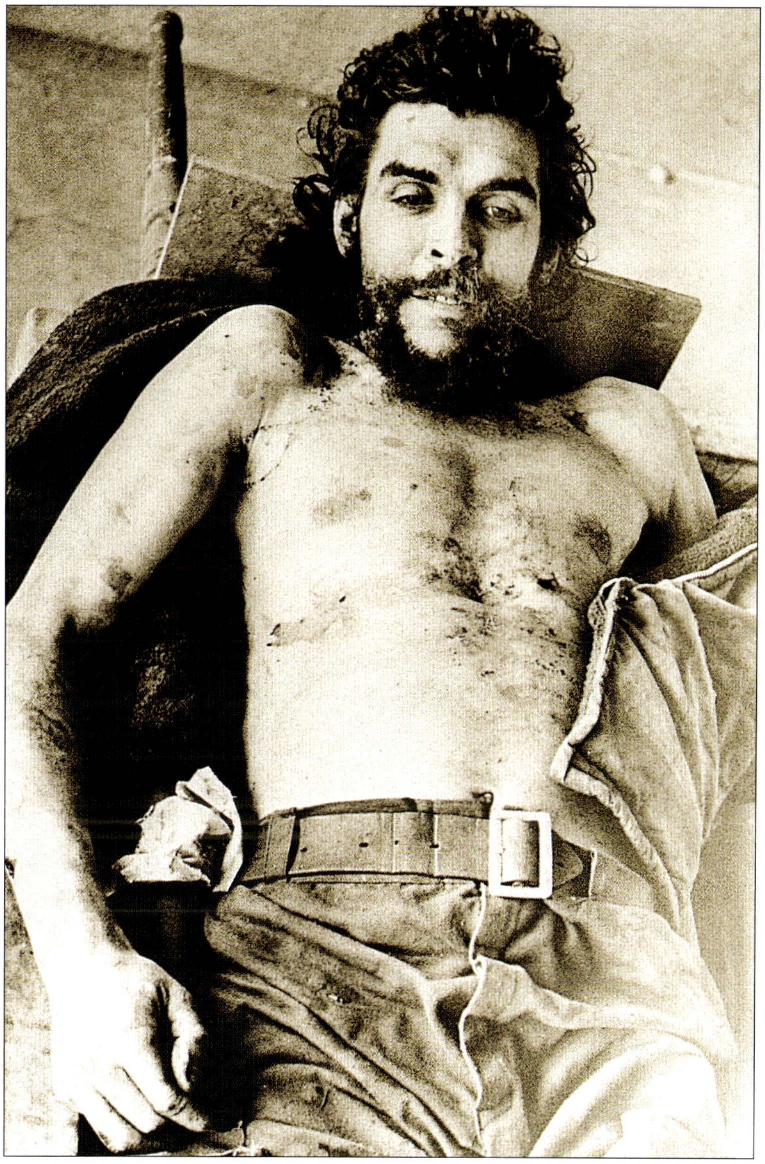

Che Guevara avait dit qu'il mourrait au combat, le sourire aux lèvres.

El Churo, 8 octobre
Le soleil approche du zénith, les premières déflagrations trouent l'air épais du canyon. Le rebelle Aniceto Reynaga, mineur de Potosi, tombe. Aussitôt se déchaînent les mortiers et mitrailleuses de la compagnie B de rangers, commandée par Gary Prado. Fernando, le Che, se porte au secours d'El Chino, qui a perdu ses lunettes. Une balle le frappe au bas du mollet droit, une autre se fracasse sur le canon de son fusil. Dans la nuit, Pedro Peña a découvert les fantômes fourbus de l'ELN, l'armée de libération ; il était sorti avec un lumignon pour ouvrir la vanne d'une rigole dans son champ de pommes de terre. Dès l'aube, il a couru donner l'alerte. *El zorro*, le renard, surnom donné au Che par les paysans, est traqué. La veille, il a stupéfié ses hommes. Pour briser l'encerclement de l'armée, il s'est pris pour un oiseau et a attaqué une paroi en à-pic. Accroché à la moindre aspérité, seule la volonté le retenait à la roche, son souffle rauque l'y collait. Il leur fallut alors effacer d'un bond une noire béance, une crevasse large d'un mètre et demi où en bas dormait une eau. Dans le Churo, l'aigle vide son arme de poing, entraîne Willi blessé. Ils se dirigent à l'écart, vers une étroite cheminée rocheuse. Il se hisse et tire son camarade. En haut, deux fusils. « Je suis le Che. » Sur le sentier de La Higuera, en fin d'après-midi, c'est le silence qui les escorte.

A Cuba, Fidel Castro annonce la mort de son allié et ami à la télévision.

Dans le ciel de midi s'élève une étoile

La Higuera, 9 octobre
La journée promet d'être belle. La Higuera, inondée de lumière, est tachetée des grappes colorées de paysans venus aux nouvelles ; ils sont donc là les diables rouges. Une large flaque sombre isole un bâtiment de pisé vers lequel convergent tous les regards. Trois rangées de soldats en interdisent l'accès. Un clochard l'air renfrogné quitte la pièce aveugle où, pieds et poings liés, il a passé la nuit. Deux soldats l'entraînent afin de se faire photographier. Rodríguez, Felix, est heureux. Il est cubain et anti-castriste. La CIA l'entretient. Dans la nuit, le Che lui a craché au visage. Gary Prado a rendu au Che deux montres volées par un soldat. Au petit matin, l'institutrice a porté quelque pitance puis s'est éclipsée. Prado attend l'ordre que le colonel Joaquín Zenteno, responsable des opérations, arrivé en hélicoptère dès l'aube, n'a pas. A onze heures par radio, un message codé de La Paz le renseigne. Le sergent Mario Terán est volontaire. A quelques centaines de mètres de là, ils sont six rebelles, durs parmi les durs, qui scrutent le hameau. « Je sens des larmes mais je ne veux pas pleurer. Je lève la tête, ils pleurent. Je sais maintenant qu'ils ont tué le Che. » Benigno *dixit*. ▷

Hasta
la victoria
siempre

« Marcher tête haute, le front vers le soleil »

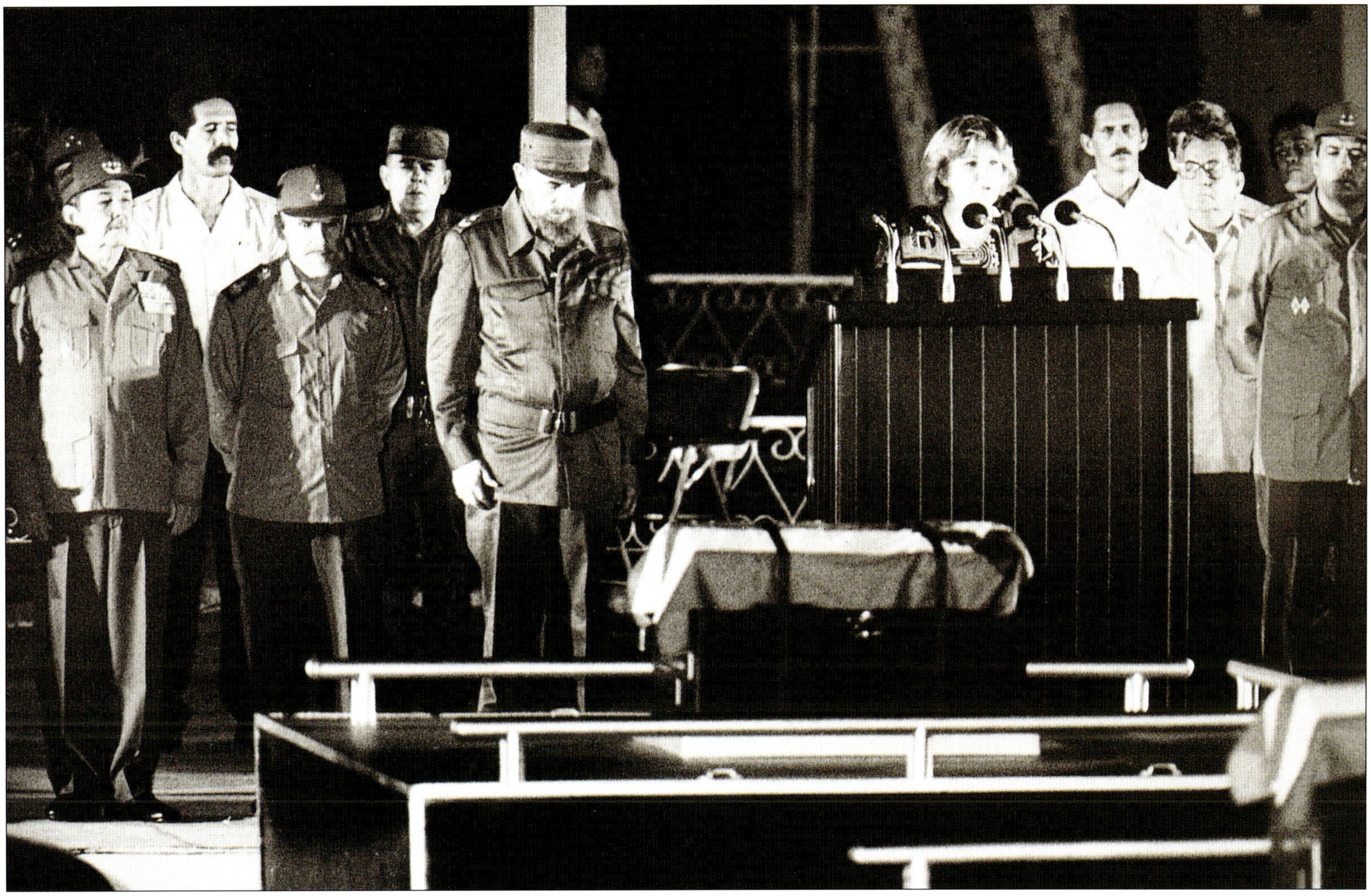

L'un des anthropologues de l'équipe argentino-cubaine exhume un corps enfoui à Vallegrande (Bolivie).

La Havane, 12 juillet 1997
Aleida March et ses quatre enfants, accompagnés de Fidel Castro, sont réunis sur la base militaire de San Antonio de los Baños pour accueillir les restes d'Ernesto Guevara, *el Che*. Les circonstances de l'inhumation du guérillero étaient entourées de mystères et de légendes. On le disait incinéré, expédié au Panama sur une base américaine. Sa dépouille a été mutilée à la morgue de Vallegrande. Antonio Arguedas, le ministre de l'Intérieur, fit couper les mains puis les envoya à Cuba. C'est d'une fosse commune que les restes du Che et ceux de ses compagnons ont été il y a peu exhumés. Depuis longtemps, les Cubains s'échinaient à retrouver la trace de ses ossements. Il reposera dans un mausolée sur la grand-place de Santa Clara, qui contribua tant à sa gloire. A tous, il répètera que « l'homme doit marcher tête haute, le front vers le soleil, dont la brûlure est l'empreinte de la dignité ».

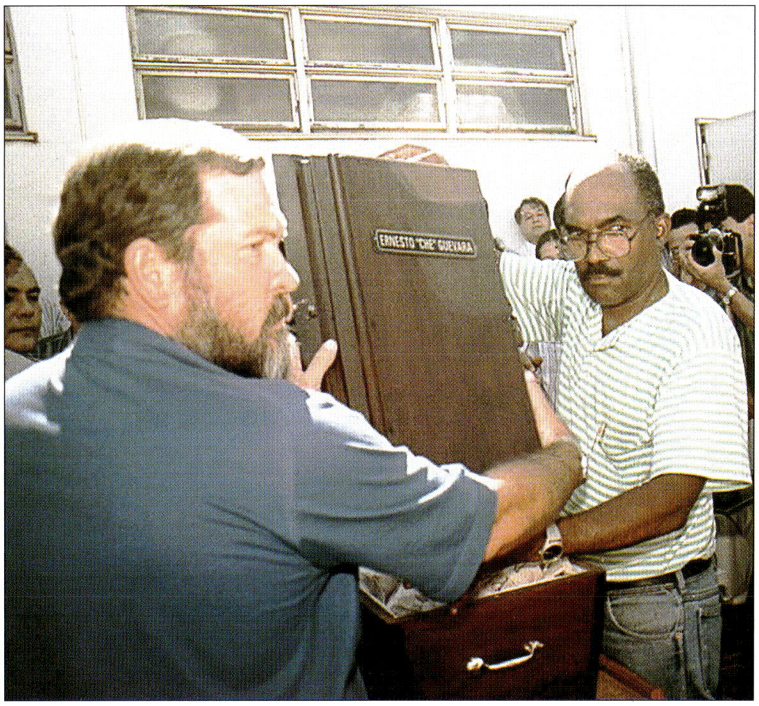

Les restes du Che, authentifiés à Santa Cruz (Bolivie), partent pour Cuba.

Efigenio Almejeiras, Fernando Sánchez-Amaya, Luis Arcos, Carlos Bermúdez, Juan Almeida

Israel Cabrera, Calixto García, Jesús Gómez, Gregorio Enrique Camara, Enrique Cuélez, Eduardo Reyes, Guillén Zelaya, Emilio Albentosa

Mario Chanes, Rafael Chao, Francisco Chicola, José R. Smith, Humberto Lamothe, Jaime Costa, Luis Crespo, Arsenio García

Evaristo Montes de Oca, Noberto Godoy, Ramón Mejías, Oscar Rodríguez, Pablo Díaz, Gino Done, Manuel Echevarría, Ernesto Fernández

Antonio (Nico) López, Fidel Castro, Noelio Capote, Francisco González, José Fuentes, René O. Reiné, Jesús Gilberto García, Gabriel Gil

César Gómez, Julio Díaz, Cándido González, Camilo Cienfuegos, Ernesto Guevara, Faustino Pérez, Mario Hidalgo, Santiago Hirzel

Armando Huau, Pablo Hurtado, Onelio Pino, Horacio Rodríguez, Antonio Darío López, Calixto Morales, José R. Martinez, Ramiro Valdés

Armando Mestre, René Bedia, Armando Rodríguez, Rolando Moya, Reynaldo Benítez, Roberto Roque, Jesús Montané, Miguel Saavedra

Arnaldo Pérez, Miguel Cabañas, José Ponce, Arturo Chaumont, Raúl Castro, Ciro Redondo, René Rodríguez, Rolando Santana

Jesús Reyes, Juan Manuel Márquez, Tomás D. Royo, Pedro Sotto, Estaban Sotolongo, Raúl Suárez, Raúl Díaz, Universo Sánchez

Andrés Luján, José Morán, Noberto Collado, Félix Juan Elmusa, Mario Fuentes

Les quatre-vingt deux du Granma

Ce qui est arrivé aux expéditionnaires pendant le mois de débarquement :

Morts entre le 5 et le 16 décembre 1956 (21)

Luis Arcos
René Bedia ★
Miguel Cabañas
Israel Cabrera
Noelio Capote
Félix J. Elmuza
Cándido González
Santiago (Jimmy) Hirzel
Humberto Lamothe
Antonio (Nico) López ★
Andrés Luján
Juan Manuel Márquez
José R. Martínez ★
Armando Mestre ★
René O. Reiné
Eduardo P. Reyes
Oscar Rodríguez
Tomás D. Royo
Miguel Saavedra
José R. Smith
Raúl Suárez

Capturés et emprisonnés après Alegría de Pio (21)

Gregorio Enrique Cámara ★
Norberto Collado
Jaime Costa ★
Arturo Chaumont
Francisco Chicola
Manuel Echevarría
José Fuentes
Mario Fuentes
Jesús Gilberto García
Norberto Godoy
César Gómez
Mario Hidalgo
Pablo Hurtado
Antonio Darío López ★
Jesús Montané ★
Evaristo Montes de Oca
Arnaldo Pérez
José Ponce ★
Roberto Roque
Rolando Santana
Guillén Zelaya

Fidel Castro est le véritable artisan de la révolution cubaine.

Le Granma rejoint le Musée de la Révolution au cœur de la Havane.

Non capturés et évadés (20)

Emilio Albentosa ★
Enrique Cuélez
Mario Chanes ★
Pablo Díaz
Raúl Díaz ✪
Gino Done
Ernesto Fernández
Arsenio García ✪
Gabriel Gil ★ ✪
Jesús Gómez
Armando Huau
Ramón Mejías
José Morán ✪
Rolando Moya
Onelio Pino
Jesús Reyes
Horacio Rodríguez ✪
Fernando Sánchez-Amaya
Esteban Sotolongo ✪
Pedro Sotto ✪

Regroupés dans l'*Armée rebelle* entre le 16 et le 27 décembre 1956 (20)

Juan Almeida ★
Efigenio Ameijeiras
Reynaldo Benítez ★
Carlos Bermúdez
Fidel Castro ★
Raúl Castro ★
Camilo Cienfuegos
Luis Crespo
Rafael Chao
Julio Díaz ★
Calixto García ★
Franscisco González ★
Ernesto Guevara
Calixto Morales
Faustino Pérez
Ciro Redondo ★
René Rodríguez
Armando Rodríguez
Universo Sánchez
Ramiro Valdés ★

★ ceux qui ont participé à l'attaque de la Moncada et de Bayamo
✪ ceux qui ont été réincorporés dans l'*Armée rebelle*

Index général

A

B

C

D

H

IJ

K

L

M

QR

UV

WXYZ

Crédits photographiques

Malgré toute l'attention qui a été apportée à cet index, des erreurs ont pu se glisser. Dans ce cas, nous demandons aux agences de bien vouloir nous en excuser et de nous notifier la correction aux fins de rectifications. La position des images est indiquée par des lettres : h = haut, b = bas, g = gauche, d = droite, m = milieu, pp = pleine page.

1re de couverture - Korda
5 - pp : Korda
6 - pp : Salas, Habana Cuba
II - hg : Loviny/Gamma - m : Vandeville Eric/Gamma - bgh et bgb : DR
III - hd : DR - bd : Catuffe/Sipa - g : Rat Romuald/Gamma
IV - hg : DR - m : Conway Alec/Sipa - bg : Lloyd/Sipa - bd : Cruetzmann Sven/Gamma
V - g : Sichov/Sipa - hd : Conway Alec/Sipa
VI - h : Kazemi/Sipa - b : J. L Cereijido/Sipa
VII - hm : Lecœuvre Photothèque - bg : DR
VIII - IX - Avec l'aimable collaboration de Diaphana Distribution, dans le cadre de la promotion du film *Carnets de voyage*
X - mg et md : 20th Century Fox/DR
XI - hm : Lorenvu/Niko/Nivière/Sipa - bm : Jobard/Sipa
8 - mg : DR - bm : Prensa Latina - hd : Editions Chronique
9 - hd : Editions Chronique - bd : Prensa Latina
10 - hd : Granger (T) - bd : Granger (T)
11 - hd : Granger (T) - bm : Bohemia
12 - hd : DR/JLSA - bd : Corbalán, Buenos Aires
13 - hd et bd : Ofinina de Asuntos Historicos, La Habana - bg : Editions Chronique
14 - hd, mm, bm, bd et hg : Oficina de Asuntos Historicos, La Habana
15 - mg, hd, bg et bd : Oficina de Asuntos Historicos, La Habana
16 - hm : Oficina de Asuntos Historicos, La Habana - bm : Keystone, Paris
17 - hd : Editions Chronique - hg, bg et bd : Oficina de Asuntos Historicos, La Habana
18 - hd, md et bd : Oficina de Asuntos Historicos, La Habana
19 - hg et mg : Bohemia - bg : Keystone, Paris
20 - hd, bm : Oficina de Asuntos Historicos, La Habana
21 - hg, hd et md : Oficina de Asuntos Historicos, La Habana
22 - hm : Oficina de Asuntos Historicos, La Habana - bm : Keystone, Paris
23 - hg, mm, hd, bg et bd : Oficina de Asuntos Historicos, La Habana
24 - hd et bd : Corbalán, Buenos Aires - bm : Archive Photos France
25 - hm, bg et bd : Oficina de Asuntos Historicos, La Habana
26 - hd : Oficina de Asuntos Historicos, La Habana - bd : L'Illustration/Sygma
27 - hd et bd : Oficina de Asuntos Historicos, La Habana - bg : Corbalán, Buenos Aires
28 - hd et bd : Oficina de Asuntos Historicos, La Habana
29 - hg, hd et md : Oficina de Asuntos Historicos, La Habana
30 - hd et bd : Oficina de Asuntos Historicos, La Habana
31 - hd : Oficina de Asuntos Historicos, La Habana
32 - hd : Oficina de Asuntos Historicos, La Habana
33 - hg : Bohemia - hd : Golberg/Sygma - bg : Keler/Sygma
34 - hd : Editions Chronique
35 - md : Oficina de Asuntos Historicos, La Habana
36 - hd et bd : Editions Chronique
37 - hd, mm et md : Oficina de Asuntos Historicos, La Habana
38 - hd : Keystone, Paris - bd : Oficina de Asuntos Historicos, La Habana
39 - hm : DR
40 - hd et bm : Oficina de Asuntos Historicos, La Habana
41 - hm, bm et bd : Oficina de Asuntos Historicos, La Habana
42 - hd et bd : Oficina de Asuntos Historicos, La Habana
43 - h, bg et md : Oficina de Asuntos Historicos, La Habana
44 - hm : Bohemia - b : Oficina de Asuntos Historicos, La Habana
45 - hd : Romero - bg : Oficina de Asuntos Historicos, La Habana - bd : DR
46 - h : Editions Chronique
47 - bg : Oficina de Asuntos Historicos, La Habana - h : Editions Chronique
48 - hg : Roger-Viollet - bg et bd : Prensa Latina
49 - h : AIN-Agencia Informativa Nacional, La Habana - bm : DR
50 - hd et bd : Oficina de Asuntos Historicos, La Habana
51 - bg : Corbalán, Buenos Aires - hd et bd : Oficina de Asuntos Historicos, La Habana
52 - hd et bm : AIN-Agencia Informativa Nacional, La Habana
53 - hd et bm : Oficina de Asuntos Historicos, La Habana
54 - pp : Salas, Habana Cuba
55 - hm : Corbalán, Buenos Aires - mm : Editions Chronique
56 - hd : Editions Chronique - bd : Archive Photos France
57 - hm : Perfecto Romero - bm : Corbalán, Buenos Aires
58 - hg : AIN-Agencia Informativa Nacional, La Habana - hd : Perfecto Romero - bg et bd : Oficina de Asuntos Historicos, La Habana
59 - hd : Editions Chronique - bm : Bohemia
60 - hd et bd : Gilbert Druart - bg : Oficina de Asuntos Historicos, La Habana
61 - hd : Oficina de Asuntos Historicos, La Habana - bd : Perfecto Romero
62 - h et bm : Perfecto Romero
63 - h : Perfecto Romero - bm : Oficina de Asuntos Historicos, La Habana
64 - hm et bg : Perfecto Romero - bd : Editions Chronique
65 - h : Perfecto Romero - bm : Oficina de Asuntos Historicos, La Habana
66 - pp : Salas, Habana Cuba
67 - h et b : Salas, Habana Cuba
68 - hd et bd : Perfecto Romero
69 - hd et bg : Oficina de Asuntos Historicos, La Habana - bd : Perfecto Romero
70 - pp : Salas, Habana Cuba
71 - pp : Salas, Habana Cuba
72 - pp : Keystone, Paris
73 - h et b : Salas, Habana Cuba
74 - hg : Oficina de Asuntos Historicos, La Habana - bm : Corbalán, Buenos Aires
75 - hm : Salas, Habana Cuba - bd : Perfecto Romero
76 - hm : Perfecto Romero - bg : Oficina de Asuntos Historicos, La Habana - bd : Salas, Habana Cuba
77 - hd et bg : Corbalán, Buenos Aires - bd : Oficina de Asuntos Historicos, La Habana
78 - hm et bg : Archive Photos France
79 - h et bd : Perfecto Romero - bg : Corbalán, Buenos Aires
80 - mm : Perfecto Romero - bm : Salas, Habana Cuba
81 - hg : Corbalán, Buenos Aires - bg et bd : Oficina de Asuntos Historicos, La Habana
82 - hd et bd : Salas, Habana Cuba
83 - hd : Keystone, Paris - bg : AIN-Agencia Informativa Nacional, La Habana - bd : Korda
84 - hd : Oficina de Asuntos Historicos, La Habana - bg : AIN-Agencia Informativa Nacional, La Habana - bd : Salas, Habana Cuba
85 - md : Corbalán, Buenos Aires - bg : Salas, Habana Cuba
86 - pp : Salas, Habana Cuba
87 - h, bg et bd : Korda
88 - h : Salas, Habana Cuba
89 - hm et bd : Salas, Habana Cuba - bg : DR
90 - hd et bd : Raúl Corrales
91 - hm et bd : Raúl Corrales - md : AIN-Agencia Informativa Nacional, La Habana - bg : Editions Chronique
92 - hm : Corbalán, Buenos Aires - mm, bg et bd : Oficina de Asuntos Historicos, La Habana
93 - hg : Salas, Habana Cuba - hd et bg : DR
94 - hm et hd : Oficina de Asuntos Historicos, La Habana - bd : Raúl Corrales
95 - h : Salas, Habana Cuba - bm : Keystone, Paris
96 - hd : Archive Photos France - bm : Oficina de Asuntos Historicos, La Habana
97 - hd : Raúl Corrales - b : Salas, Habana Cuba
98 - hd : Korda - md : AIN-Agencia Informativa Nacional, La Habana
99 - hm : Corbalán, Buenos Aires - bd : Gilbert Druart - bg : Oficina de Asuntos Historicos, La Habana
100 - hd : Corbalán, Buenos Aires - m : Oficina de Asuntos Historicos, La Habana
101 - hmg : DR - hmd : Corbalán, Buenos Aires - b : Salas, Habana Cuba
102 - hm : Corbalán, Buenos Aires - b : DR
103 - hd et bg : DR
104 - hm : DR - b : Keystone, Paris
105 - hm et bd : DR - bg : Editions Chronique
106 - h : Archive Photos France
107 - hg : Sygma - hd : Archive Photos France - bg : Corbalán, Buenos Aires
108 - pp : Salas, Habana Cuba
109 - h : Sygma - bg : Carrion/Sygma - bd : Gonzalo Espinoza/AFP
110 - pp : DR
111 - hm : Raúl Corrales - bm : AIN-Agencia Informativa Nacional, La Habana